KB140863

도요타, 다섯 번의 질문

도요타, 다섯 번의 질문

Toyota

궁극의 개선으로
미래를 선점한
도요타의
특별한 대화법

가토 유지 지음 ㅣ 김한결 옮김

예문아카이브

"도요타에서 배워라!"

"가이젠, 도요타 생산방식이 정답이다."

버블 붕괴 후 찾아온 경제 침체기에도 도요타는 일본 내에서 최고의 수익을 달성했고 세계 최정상을 향해 착실히 나아갔다. 이런 도요타를 본받아 도요타 생산방식(Toyota Production System, TPS)을 도입하려는 기업이 잇따라 나타났고 도요타 생산방식에 관한 책도 많이 출간되었다.

하지만 그 결과 기업이 실적 반등에 성공했다는 사례를 접하기는 쉽지 않았다. 왜일까?

그것은 도요타 생산방식이 기업의 실적을 개선할 특효약이 아닐뿐더러(아마도 서서히 체질을 개선해주는 한방약 같은 것이 아닐까) 저스트 인 타임과 가이젠을 흉내 낸다고 **도요타 생산방식을 실천하기는 힘들기** 때문이다.

도요타 생산방식에 따른 경영 활동이 성공하려면 직원 한 사람 한 사람의 가치관을 파고들어 그 속에 가이젠 정신을 정착시켜야 한다. 가이젠 정신이 빠진 도요타 생산방식은 팥소 없는 찐빵이나 다름없다.

그리고 이를 **지치지 않고 꾸준히** 실천해야만 기업의 실적 향상으로 이어진다.

나는 도요타 생산방식의 가이젠 정신을 직원들의 가치관 속에 정착시키는 데 노동조합이 매우 큰 역할을 해왔다고 생각한다. **가이젠이 제대로 힘을 발휘하려면 '철저히 생각하고 철저히 대화하기'가 필수다.**

도요타 노동조합에서는 조합원 한 사람 한 사람이 철저히 생각하고 철저히 대화하기를 활동의 근본 지침으로 삼아 반복적으로 실천해왔다. 그것이 근로 조건을 오랫동안 안정적으로 향상해나가는 가장 효과적인 방법이었기 때문이다. 도요타 직원은 조합원으로서 노동조합의 활동에 참여하면서 가이젠의 방법론을 자기 안에 더욱 깊이 받아들인다.

도요타 생산방식을 소개하는 책은 시중에 이미 많이 나와 있으나 개개인의 차원에서 '가이젠을 실천하는 사람은 어떻게 생각하고 행동하나', '평범한 샐러리맨과 다른 점이 무엇인가' 등을 상세히 설명하는 책은 없다. 도요타의 노사 관계를 매우 꼼꼼히 파헤쳐 들여다보면 바로 그런 부분이 눈에 들어온다.

　그래서 나는 도요타 생산방식의 핵심인 가이젠의 본질을 가능한 한 많은 사람이 이해하도록, 도요타 노사 관계의 진수라 할 수 있는 **'대화'**를 주제로 내가 겪은 생생한 경험을 이야기하고자 한다. 그것이 회사 생활의 대부분 시간을 노동조합 간부로 일해온 사람의 사명이라고 생각한다.

　한창 이 책을 쓰고 있을 때 많은 기업에서 불상사가 발생해 세간을 떠들썩하게 했다. 나는 이런 사태를 지켜보며 가이젠이 진정으로 직원들 속에 뿌리내리면 기업의 불상사 따위는 일어나지 않으리라 확신했다. 가이젠은 **결함이나 문제를 발견하고 가시화하는 데에서부터 시작**하기 때문이다. 결함이나 문제를 감추지 않으면 불상사를 근본적으로 방지할 수 있다. 그러므로 도요타 노사가 흔들림 없이 걸어온 가이젠 정착을 향한 여정을 세상에 알리는 일은 기업의 불상사를 방지하는 길로도 이어지리라 믿는다.

한 가지 더 강조하고 싶은 점은 **가이젠을 실천하는 직원은 자연히 일에 대한 의욕이 높아진다**는 사실이다. 도요타 생산방식은 제조 부문에 가장 적합하나 다른 어떤 직종에서도 가이젠을 실천하여 직원의 의욕을 향상할 수 있다. 직원의 사기가 오르면 실적 향상에 도움이 되는 것은 물론이다.

조금 더 욕심을 부려 마지막으로 한마디만 덧붙이고 싶다. **가이젠을 실천하면 개개인의 삶의 방식도 긍정적으로 바뀐다. 긍정적 삶의 방식은 인생을 풍요롭게 한다.** 독자 여러분이 이 책을 통해 도요타의 성장 비밀을 이해하고 자신의 인생도 풍요롭게 가꿔나간다면 저자로서 그보다 더 큰 보람은 없으리라 생각한다.

IIIIIIIIIIIIIIIIIIII
contents
IIIIIIIIIIIIIIIIIIII

1 · 제1장 ·
도요타의 힘은 신뢰에서 나온다

4 · 제4장 ·
우리 일은 우리가 결정한다는 도요타 정신

· 제5장 ·
대화가 훌륭한 지도자를 만든다

도요타의 힘은 신뢰에서 나온다

Toyota

긴타로아메를 닮은 도요타의 강점

"도요타 직원은 긴타로아메(어디를 자르든 단면에 일본 민담 주인 공 긴타로의 얼굴이 나오는 가락엿. 획일적인 것에 대한 비유로 쓰인다—옮긴이)다" 하는 말을 들을 때가 있다.

물론 조롱하는 말이지만 오랜 기간 그 당사자였던 나는 이런 표현에 위화감을 느끼지 않는다. 조롱하려는 말이었어도 오히려 자랑스럽게 느끼는 면도 있기 때문이다.

도요타 직원에게는 어디를 잘라도 같은 얼굴이 나오는 긴타로 아메 같은 부분이 확실히 있다. 하지만 이는 **회사의 약점이 아니 라 강점이다.**

직원들이 긴타로아메가 되었기에 도요타는 세계 최고의 자동차 제조사라는 지위를 획득했다고 본다.

말단 직원부터 최고경영자까지 긴타로아메처럼 같은 얼굴을 보이고 같은 말을 할 수 있으려면 **밑바탕에 같은 사고방식을 공유해야 한다.**

그런 점이 도요타에는 분명히 존재한다. 도요타 직원은 제품 생산에 대한 사고방식과 자긍심, 자신의 업무에 대한 가치관과 철학에서 틀림없는 긴타로아메다.

그렇다면 도요타 직원이 밑바탕부터 공유하는 사고방식과 가치관은 무엇일까?

한마디로 이제는 전 세계에서 통용되는 **가이젠**(개선[改善]의 일본어 발음. 도요타자동차의 생산성 혁신 운동으로, 직원 스스로 변화를 주도하여 비용 절감과 효율 향상 등 생산 활동의 모든 부분에서 더 나은 방법을 찾아가는 일—옮긴이)이다. 가이젠은 도요타의 철학과 문화를 대변하는 핵심어로 직원 한 사람 한 사람의 마음속에 뿌리내려 매일 힘의 원천이 되는 절대적 개념이다.

전 세계 각지에서 일하는 도요타 직원은 입사와 동시에 가이젠 정신을 철저히 배운다. 이후 실제 업무에서 머리와 몸으로 가이젠을 직접 체험하며 익힌다. 머리와 몸에 스며든 철학은 아주 자연스럽게 각자의 인생관에도 영향을 미친다.

이는 모두가 같은 인생관을 가진다는 의미가 아니다. 구성원에게 영향을 미칠 뿐 종교처럼 하나의 인생관과 세계관 아래 결집돼 한 걸음도 밖으로 벗어나지 못하도록 세뇌하는 방식이 절대 아니다.

그러면 어떤 영향을 미친다는 말일까? '어떻게 하면 내 인생이 더 즐겁고 보람찰까.' '오늘의 나와 내일의 나는 다르다. 내일의 나는 오늘의 나보다 더 나아질 것이다.' 이런 식으로 매사에 적극적이고 긍정적으로 생각하게 된다.

이때 중요한 점이 있다. 가이젠 철학이 몸에 밴 도요타 직원은 **눈앞에 놓인 문제를 발견하면 이를 말끔히 제거하기 위해 문제를 일으킨 '근본 원인'을 찾아 계속 생각하고 또 생각한다.** 그야말로 철저히 생각한다.

원인을 밝힌 다음에는 그 원인을 제거하기 위해 정면으로 맞선다. 이때도 스스로 철저히 생각한다.

근본 원인을 찾아 문제를 해결하기까지 자신의 문제로 받아들이고 스스로 생각하다 보면 어느새 가이젠 정신이 머리와 몸에 스며들어 인생관까지 긍정적으로 바뀐다.

우선 스스로 철저히 생각하는 훈련이 된다면 인생을 살면서 타인의 영향을 덜 받는다. 다만 어쨌든 회사다 보니 상사의 지시와

가이젠 철학이 있으면……

문제를 발견한다.

근본 원인을 밝혀낸다.

원인을 제거한다.

명령에 따라야 하기도 하고, 늘 자신이 원하는 대로 하기도 힘든 것이 사실이다. 하지만 매번 상사의 지시만 기다렸다가 움직이는 사람이 되지는 않는다.

치열하게 논의해도 반드시 합의점을 찾는 도요타 직원

긴타로아메는 개성 없는 획일적 인간으로 구성된 집단을 비유하는 말로 쓰인다. 그런 의미라면 도요타 직원은 전혀 해당하지 않는다.

도요타만큼 다양한 사람이 모여 다양한 관점에서 다양한 의견을 교환하는 집단이 또 있을까 싶다.

문제를 발견하고 근본 원인을 제거하기까지 스스로 철저히 생각하는 분위기에서 성장한 사람은 "저도 같은 의견입니다", "저도 그렇게 생각합니다" 하는 식으로 남에게 묻어가지 않는다. **도요타 직원은 남과 같음을 거부하고 자기 의견을 내기 위해 집중한다.**

그렇다면 부서나 팀에서 의견이 다른 동료들과 하나의 결론을 끌어내야 할 때는 어떻게 할까?

다른 생각과 가치관을 거리낌 없이 주고받으며 **치열하게 논의**

한다. 그래서 무슨 일이든 결정하는 데 시간이 걸린다. 그렇다고 쉽게 타협하지도 않는다.

가이젠은 적당한 선에서 타협하기를 거부한다. 그 대신에 논의를 결론짓기 위해 **서로가 밑바탕에서 공유하고 있는 철학으로 돌아간다.**

근본에서 같은 사고방식을 공유하는 한 논의가 쓸데없이 길어지거나 언제까지고 결론이 나지 않는 일은 없다.

아무리 시간이 지나도 논의가 결론지어지지 않는다면 누군가 사소한 부분에 집착하거나 자기 의견만 계속 완고히 밀어붙이거나 문제의 본질을 잊고 파벌주의에 빠진 것이다.

그러지 않기 위해 도요타 직원은 **가이젠 철학으로 돌아간다.**

단, 이때 절대적으로 필요한 요소가 있다.

도요타 직원에서 나아가 상대를 한 인간으로 존중하는 자세를 갖추는 것이다. 바꿔 말하면 **논의 상대를 신뢰해야 한다.**

함께 논의하는 사람은 동료나 후배일 수 있고, 직속 상사나 타 부서 상사 혹은 경영진일 수도 있다. 각자 위치와 상황이 다르다 해도 가이젠 철학을 공유하고 있으므로 서로 신뢰한다. 결국 논의는 더 높은 차원에서 합의점을 찾고 결론을 맺는다.

도요타에서는 철저히 논의한다

직원들이 각자 자신의 의견을 말한다.

의견이 하나로 모이지 않는다!

어떻게 할까?

모두가 공유하는 '가이젠' 철학으로 돌아가
논의의 본질을 생각한다.

도요타웨이는 빛 좋은 개살구가 아닌 직원들이 완성한 원칙

도요타에서의 문제 해결 방법 또는 목표 달성 과정은 외부인의 시각으로 볼 때 당장은 이해하기 힘든 면이 있다. '겉보기에 그럴 듯한 원칙이겠지. 현실이 어디 원칙대로만 되겠어?' 하고 의심하는 사람도 있다.

하지만 이는 절대로 빛 좋은 개살구 같은 이야기가 아니다.

예를 들어 2001년에 도요타는 일본을 넘어 전 세계 사업 거점에서 도요타의 기업 이념을 실천하기 위해 **'도요타웨이 2001'**(도요타 구성원이 공유하는 기본 가치관 및 철학, 행동 규범인 도요타웨이[Toyota Way]를 누구나 알 수 있게 체계적으로 정리한 내용—옮긴이)이라는 행동 지침을 수립했다.

나는 도요타웨이가 가이젠 그 자체라고 생각한다. 가이젠의 핵심을 집약하면 '도요타웨이 2001'에 적힌 다음 문장과 같다.

> 도요타웨이를 구성하는 두 개의 중심축은 '지혜와 개선', '인간성 존중'이다. 지혜와 개선은 늘 현재 상황에 만족하지 않고 더 높은 부가가치를 추구하며 끊임없이 지혜를 짜내는 것이다. 인간성 존중은 기업의 모든 이해관계자를 존중하고 직원의 성장을 회사의 성과와 연결하는 것을 의미한다.

문장으로 표현하니까 점점 더 빛 좋은 개살구처럼 느껴질 수도 있으나 도요타 직원이 오랜 기간에 걸쳐 발전시키고 날마다 당연하게 실천하고 있는 행동 지침을 새삼스럽게 정돈된 말로 바꿔놓았을 뿐이다.

겉보기에만 그럴듯한 원칙이 아니라 **실제로 분명히 실천해왔고 현재도 실천하고 있는 원칙이라는** 말이다.

그런데 이러한 도요타웨이가 회사에서, 즉 위에서 아래로 일방적으로 강요되었다면 도요타가 세계 최고의 자동차 제조사가 될 수 있었을까?

회사는 가이젠이나 도요타웨이를 절대로 직원에게 일방적으로 강요하지 않았다.

도요타를 세계 최고의 기업 반열에 올려놓은 도요타만의 독특한 생산방식이 저스트 인 타임(just in time, 약칭 JIT. 필요한 때 필요한 만큼만 생산하여 재고를 최소화해 비용을 절감하는 생산방식—옮긴이)과 간반 방식(간반은 간판[看板]의 일본어 발음. 제조 공장의 부품을 담은 상자에 부품 정보를 담은 간판[표지판]을 부착하여 각 공정에서 사용했거나 필요한 부품 등의 정보를 전 공정에 상시 알림으로써 부품 수요와 공급의 불확실성을 없애 재고를 줄이는 방식이다—옮긴이) 등으로 구성된 **도요타 생산방식**(Toyota Production System, TPS)이다. 이를 고안해 체계화한 사람이 일본 자동차 산업의 여명기에 도요타자동차를 이끈 도요타자동차 창업자이자 제2대 사장인 도요타 기이치로와 오노 다이이치 전 부사장이라는 사실은 널리 알려져 있다. 하지만 경영진이 생각해냈다고 그것을 상의하달식으로 현장에 강요했다면, 도요타 생산방식이 제대로 기능하지 않았을 것이다. 그리고 회사에 오늘날과 같은 성과를 가져다주기도 힘들었을 것이다.

노동조합 전임자가 된 후 알게 된 도요타 힘의 본질

나는 도요타의 매출이 미국의 3대 자동차 회사(포드, 제너럴모터스, 크라이슬러) 중 하나인 제너럴모터스(GM)의 10분의 1 규모이던 1975년에 와세다대학 법학부를 졸업하고 고향 아이치 현의 도요타자동차공업(현 도요타자동차)에 입사했다. 도요타가 1966년에 출시한 코롤라(COROLLA. 세계에서 가장 많이 팔린 자동차로 꼽히며 현재까지 꾸준한 인기를 얻고 있는 준중형급 일반 승용차로 도요타자동차의 스테디셀러—옮긴이)가 큰 인기를 끌며 대중 차 시장을 견인하던 시절이다.

전공이 법학이라 법무팀에 배속되었고 8년간 근무했다. 그대로 9년차에 접어들어 앞으로도 착실히 경력을 쌓으며 승진하겠다는 장래를 막연히 그리고 있을 때 뜻밖의 제안을 받았다.

도요타자동차 노동조합에서 노동조합 전임자(勞動組合 專任者, 노동자의 지위를 가지면서 노조 업무만 전담하는 노동조합의 간부—옮긴이)를 해보지 않겠느냐는 제안을 받은 것이다.

노동조합 전임자가 되면 회사의 통상 업무에서 빠지고 오로지 노동조합 간부의 역할만 수행한다.

당시에는 법무팀 일이 점점 재미있어지던 터라 '내가 왜?' 하는 생각이 강했지만, 선배와 동료에게서 "좋은 경험이 될 거야" 하는 격려를 받고 일단 제안을 받아들였다. 단 어디까지나 단기적 일로 4년 정도 후에 다시 법무팀으로 돌아가리라 생각했다.

이것이 내 본심이었으나 나는 처음 자기소개에서 "노동조합에 뼈를 묻을 각오로 임하겠습니다!"라고 큰소리를 치고 말았다. 뜨내기로 보이고 싶지 않은 마음에 부린 허세였고 사실은 별다른 사명감을 느끼지 못했다.

그런데 현실은 허세대로 되었다. 결과적으로 이후 내 회사 생활은 노동조합 외길이었다. 하지만 후회는 없다. 법무팀에서 지원 업무를 하던 때보다 도요타의 현장을 깊이 이해하게 되었고 가이젠을 확실히 받아들이게 되었다. 이를 통해 **도요타의 힘이 어디에서 나오는지 실감했다.**

그렇다면 내가 노동조합 외길을 걷게 된 이유는 무엇일까?

무엇보다 제조 현장에서 가이젠을 실천하는 공장 직원들의 인간적 매력과 진지한 태도에 마음이 끌렸다. 그들과 기탄없이 의견을 교환하다 보니 노동조합 일이 점점 재미있어졌고 여기에서 끝까지 일해보고 싶다는 생각이 들었다.

전임자가 된 직후 내가 맡은 일에는 노동조합 전직 선배들을 모시고 관리하는 역할도 포함되었다.

이것은 나에게 행운이었다. 도요타 노동조합의 초대 위원장을 비롯해 도요타의 여명기를 책임졌던 대선배들의 이야기를 육성으로 들을 수 있었다.

가이젠에 관해서도 생생히 들었다. 가이젠이 어떻게 도요타 직원 한 사람 한 사람에게 스며들었고 그런 중 노동조합이 어떤 역할을 완수했는지 알게 되었다.

무대 뒤에서 고뇌하며 진지하게 책임을 다한 노동조합의 노력이 없었다면 도요타웨이는 발전하지 못했을 것이며 도요타가 세계 최고의 자동차 제조사 자리에 오르는 일도 없었을 것이다(이에 대한 자세한 이야기는 뒤에서 하겠다).

어쨌든 나는 노동조합 전임자로 일하면서 많은 선배들과 현장의 이야기를 들었고 이를 통해 비로소 도요타가 가진 힘의 진수를 알았다.

힘의 기반은 신뢰 관계에 있다

도요타가 가진 힘의 기반이 신뢰 관계에 있다는 말은 너무 당연해서 시시하게 느껴질지도 모른다. 하지만 도요타웨이의 근간을 이루는 요소는 역시 **신뢰 관계**다.

상사와 부하 간 신뢰, 동료 간 신뢰, 회사와 고객 간 신뢰, 회사와 협력사 간 신뢰, 회사(경영진)와 노동조합 간 신뢰, 노동조합 간부와 직원 한 사람 한 사람 간 신뢰 등 **모든 신뢰 관계가 제대로 확립되어야 회사가 강해진다.**

도요타에 이들 신뢰 관계가 제대로 확립되어 있지 않았다면 가이젠 철학도 발전하지 못했을 것이며, 지금은 당연히 행해지는 **'문제 발견과 원인 제거'**의 실천도 회사 전체로 확산되지 못했을 것이다.

예를 들어 일할 때 발생하는 불합리, 불필요, 불균형의 문제를 발견해 자기 나름대로 개선 방법(해결책)을 생각해냈다고 가정해보자.

기쁜 마음에 상사에게 보고했는데 상사가 "해오던 대로 하는 게 좋지 않겠어? 괜한 짓 하지 말고 하던 일이나 해" 하고 무시하거나 부정적 반응을 보이면 어떤 기분이 들까?

대부분의 사람은 실망하고 문제 발견이나 개선 의욕이 분명 크게 저하될 것이다. 상사에 대한 신뢰감을 쌓기도 힘들거니와 신뢰하던 마음마저 사라져버릴지 모른다. 나아가 일에 대한 흥미를 잃고 의욕 없이 지시만 기다리는 인간이 된다.

하지만 **도요타에서는 그런 일이 절대 없다.**

도요타웨이를 거스르는 반응을 보이는 상사는 모두에게 배척당해 도요타에서 살아남을 수 없다.

한편 부하의 제안에 관심을 보이고 개선 행위를 높이 평가해주는 상사라면 어떨까?

당연히 부하는 상사의 평가를 기쁘게 생각하고 더욱 의욕적으로 일하게 된다. 하지만 **이 정도 대응으로 끝나면 기쁨도 의욕도 오래 지속되지 않는다.**

근무 태도나 성과에 따라 상여와 급여가 늘어나는 보상을 기대할 수 있다. 당연히 보상을 받으리라는 확신이 없으면 가이젠에 대한 의욕 역시 자연히 후퇴한다.

신뢰 관계는 말로만 약속해서는 만들어지지 않는다. "나를 믿어주길 바란다", "너를 믿는다" 하고 아무리 반복해 말한다 해도 **그것을 뒷받침할 구체적인 증거가 없으면 상호 신뢰는 쌓이기 힘들다.**

도요타에서는 입사와 동시에 가이젠 철학을 가르친다. 말로만 이념과 행동 지침을 주입하지 않는다. 직원 한 사람 한 사람이 스

스로 실천을 통해 그것이 무엇인지 제대로 알게 한다.

실천은 일이다. 단 자신에게 주어지는 일을 무난히 처리하기만 해서는 실천이 아니다.

자기 일과 그 주변에 숨은 문제를 발견하고 자신의 생각과 행동으로 문제를 제거해나가는 것이야말로 회사가 기대하는 가이젠의 실천이다.

도요타 안에 존재하는 신뢰는 이런 실천을 통해서만 생기고 길러진다.

보상으로 신뢰감을 높인다

그렇다면 도요타가 직원 한 사람 한 사람에게 보여주는 신뢰의 증거는 무엇일까?

의외일지 모르겠으나 돈이 제법 중요한 증거가 된다. 나아가 **지급 방법에 비밀이 숨어 있다.**

조금 거칠게 표현하면 사람은 돈 때문에 일한다. 그리고 돈이 많으면 많을수록 기분이 좋고 의욕도 높아진다. 이는 만인에게 공통된 진실이다.

아무리 그럴듯한 이유로 포장해도 하는 일과 노력이 돈으로 연결되지 않으면 지속이 어렵다. 봉사 활동이라 볼 수도 있지만 이는 일시적이고 부수적인 활동이며 보통은 봉사를 오래 하기는 힘들다.

직원이 회사에 신뢰감을 느낄 때, 다시 말해 '회사가 우리를 제대로 생각해주고 있구나' 하고 누구나 느끼는 순간은 **자신의 노력이 금전적 보상을 받을 때**다.

가이젠 철학(도요타웨이)이 자신의 머리와 몸에 깊이 배어들게 하는 최초의 계기가 여기에서 비롯한다.

쉬운 예시를 통해 구체적으로 알아보자.

가이젠을 지탱하는 제도 중 하나로 도요타에는 **'창의연구 제안 제도'**가 있다. 고도 경제성장기에 많은 회사가 제안제도를 도입했고 어느 정도 성과를 올렸다. 가이젠을 철학으로 삼는 도요타 역시 이를 시행해왔다.

그런데 도요타의 제안 제도는 그 운용 방식이 독특하다.

아무리 사소한 것이라도 적어서 내면 보상이 따른다는 점이다. 내가 법무팀에 있던 1970년대에는 제안을 하기만 해도 한 건에 500엔을 받았다.

지금은 갑절인 1,000엔 정도 되지 않을까 하고 예상했는데 회사에 확인해보니 아직도 500엔 그대로였다.

조금 놀랐지만 잘 생각해보면 도요타다운 일면이다. 제안에 대해 보상하는 이유는 제안하는 기쁨을(제안이 받아들여진 기쁨이 아니다) 소중히 여기기 때문이다. 금액의 많고 적음은 주는 쪽도 받는 쪽도 별로 중요시하지 않는다.

물론 큰 도움이 되는 제안, 예를 들어 수백만 엔의 원가 절감 효과가 있는 제안이라면 10만 엔 이상의 보상을 지급하기도 한다.

제안하는 내용에 제한은 없으나 꼭 필요한 한 가지 조건은 있다. 제안자가 실제로 해보고 어느 정도 효과를 본 것이어야 한다는 점이다.

예를 들어 선반의 부품 위치를 바꿨더니(개선 제안) 능률이 향상되었다(효과)는 식이다. 효과가 자신의 주관적 느낌이어도 상관없다. 수치화한 검증은 중요하지 않다. 어쨌든 **본인이 실제로 검증한 가이젠 제안이면 보상을 받는다.**

그런데 그중에서도 가장 독특한 점은 얼마간 제안을 실천해보고 원래대로 돌아가는 편이 낫다고 판단하고, **이미 보상받은 제안을 뒤집는 제안을 해도 새로운 제안으로 받아준다**는 점이다. 그에 대해서도 당연히 보상이 따른다.

요컨대 직원이 자기 일에 숨겨진 문제를 발견해 스스로 생각하고 시험해보는 행위를 회사가 적극적으로 장려하고 그 결과에 대

평가의 증거는 돈으로

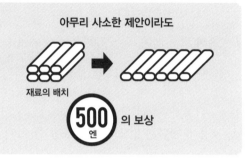

아무리 사소한 제안이라도

재료의 배치

500 엔 의 보상

제안이 좋지 않아서

원래대로 돌아가자는 제안에도

500 엔 의 보상

평가가 쌓이면서 신뢰가 생겨난다.

해 확실히 평가하는 구조인 것이다.

보상은 회사가 평가하고 있다는 증거다. 500엔이든 1,000엔이든 **확실히 평가하고 있다는 사실을 구체적으로 보여준다는 점이 중요**하다. 그렇게 할 때 '내가 스스로 생각해 제대로 일하면 회사가 분명히 평가해준다'고 확신하게 된다.

이를 반복하면서 **회사에 대한 신뢰감이 쌓인다.**

어떤 부문에 있든 반드시 단련되는 가이젠 철학

도요타가 제조 회사이므로 가이젠 제안이라고 하면 제조 현장의 이미지가 가장 먼저 떠오를 것이다. 하지만 **가이젠 철학은 어떤 부문에 있든 도요타 직원이라면 누구나 배운다.**

내가 8년간 근무한 지원이나 사무 부문에서도 가이젠 제안을 하도록 독려했다. 내 상사는 적어도 3~4개월에 한 번은 제안하라고 말했다.

물론 나도 내 머리로 열심히 궁리해 '종이 파일의 표지 뒤에 주머니를 부착한다' 같은 아이디어를 제안했는데 자기 자랑이 될 듯하니 자세한 이야기는 생략하겠다.

그보다 당시 법무팀 동료의 가이젠 제안이 회사의 경비 절감에 큰 도움이 되었던 적이 있다. 지금도 운용되고 있으리라 생각하는데, 거래처와 교환하는 개별 매매 계약서에 대해 '계약서에 적지 않아도 되는 내용을 구태여 계약서로 만들어 인지를 붙이고 있다. 방법을 바꾸면 인지대를 절약할 수 있다'는 제안이었다. 동료는 탈법이 아님을 확실히 확인한 후 이를 제안했다.

그때까지 모두가 당연히 해오던 일에 대해 '인지가 불필요한 것은 아닐까?' 하는 의문을 가지고 조사해보았더니 정말로 불필요했다는 이야기다.

이 제안은 회사 차원에서 정식으로 채용했고 매달 100만에서 200만 엔을 절약하는 효과가 있었다.

경비 절감 효과가 큰 제안에 대한 보상이 설마 500엔이라면 균형이 맞지 않는다. 균형이 맞지 않는다는 말은 제안자의 마음에도 꺼림칙한 불만으로 남는다는 의미다.

회사는 당연히 그런 점을 이해하고 이 가이젠을 높이 평가했고 상응하는 보상을 했다. 확실히 월급의 절반 정도는 받았다고 기억한다.

도요타의 가이젠 철학은 **예전부터 지속해오던 일을 비판 없이 수용하고 스스로 생각하지 않는 태도를 지양한다.** 오랫동안 계속해온 일도 **한 번쯤은 스스로 의문을 제기**해보는 시도를 중요하게 여긴다.

이는 어떤 부문에서든 어디에 있든 어떤 일을 하든 요구되는 조건으로 도요타 직원 한 사람 한 사람이 습관화하여 꾸준히 실행하고 있다.

창의연구 제안제도는 가이젠의 본질을 지키기 위해 운용되고 있으며, 직원들이 부담 없이 받아들이고 기분 좋게 실행하는 이유는 **성과를 올리면 회사가 반드시 그에 상응하는 보상을 해준다**고 확신하기 때문이다.

근본 원인을 파악하는 '다섯 번의 왜' 원칙

회사에 대한 신뢰감은 일하면서 실수했을 때 등과 같이 부정적인 상황에서도 드러난다.

내가 정말 도요타답다고 생각하는 부분은 현장의 생산 라인에서 잘못이나 문제가 발생했을 때의 대처법이다.

예를 들어 부품 절삭 라인에서 컨베이어에 작은 부품이 걸려 라인이 멈추는 일이 발생했다. 걸린 부품을 즉시 손으로 되돌려 놓으면 라인은 바로 다시 돌아가므로 아무런 문제가 없다. 아마 자동차 공장뿐 아니라 전 세계 대부분 공장에서 그렇게 대처하고 아무 일 없었다는 듯 라인을 계속 가동하리라 생각한다.

작은 부품이 걸리는 바람에 컨베이어가 멈췄다는 사실을 발견했을 때 그 부품을 원래대로 돌려놓으면 컨베이어가 멈춘 현상 자체는 즉시 해결된다. 하지만 그것은 어디까지나 그때 그 자리에서 일어난 현상만 수정한 것에 불과하다.

이는 **너무 안일한 문제 해결법이다. 같은 현상이 다시 일어날 위험 요소가 여전히 남아 있다.** 도요타에서는 이를 문제 해결이라고 보지 않는다.

여기에서 도요타 직원이라면 누구나 알고 있는 **'다섯 번의 왜'** 문제 해결법이 등장한다.

이것은 **일어난 현상에 대해 최소 다섯 번은 '왜?'를 반복해 현상을 일으킨 근본 원인을 밝히자는** 원칙이다.

하나의 현상에는 그것을 일으키는 여러 가지 원인이 중첩된 경우가 적지 않다. 무엇이 근본 원인이며 이런 현상이 다시 일어나지 않게 하려면 어떤 원인을 제거해야 하는가. 이에 대한 답을 얻으려면 '왜 이런 현상이 일어났나?' 하고 **최소한 다섯 번**은 파고들어야 근본 원인에 도달할 수 있다.

앞서 말한 창의연구 제안제도도 이 원칙을 전제로 한다.

'다섯 번의 왜'는 어떻게 시행하나

'다섯 번의 왜' 원칙을 앞에서 말한 컨베이어 정지 현상에 적용해보자.

왜 컨베이어에 부품이 걸렸나? 이것이 **첫 번째 '왜?'**이다. 담당자는 눈앞의 컨베이어를 자세히 살펴보고 컨베이어에 있는 미묘한 요철을 발견한다. 이 원인만 제거해도 충분하다면 어떤 방법으로든 요철을 제거해 컨베이어를 매끄럽게 만들면 된다.

하지만 앞에서도 말했듯 이것만으로는 진정한 문제 해결이 되지 않는다. '다섯 번의 왜' 원칙이 몸에 밴 담당자는 매우 자연스럽게 **두 번째 '왜?'**로 넘어간다.

왜 컨베이어에 작은 요철이 생겼나? 이 라인에만 요철이 생겼는지, 옆 라인에는 같은 현상이 일어나지 않는지 등을 조사한다.

그 결과 다른 라인에서도 같은 현상이 일어났다면 애초에 컨베이어 제조 단계에 문제가 있다고 추측할 수 있다. 그래서 컨베이어의 제조 공정을 검증한다. 제조 공정의 어디에 문제가 있었나? 이것이 **세 번째 '왜?'**이다.

검증해보니 컨베이어를 구성하는 부재 일부가 온도 변화에 약해 찌그러지기 쉽다고 판명된다. 그래서 **네 번째 '왜?'**로 넘어간다. 왜 컨베이어 설계자는 이 부재를 사용했나?

조사 결과 설계자가 온도 변화를 상정하지 않았다는 사실이 밝혀진다. 당연히 왜 온도 변화를 상정하지 않았는지에 대한 의문이 생긴다. 이것이 **다섯 번째 '왜?'**이다. 그리고 설계자에게 현장에서의 사용 방법이 충분히 전달되지 않았다는 사실을 알게 된다.

이렇게 다섯 번 '왜?'를 반복했고, 다섯 번째 '왜?'를 통해 라인 정지 현상의 근본 원인을 파악했다. 즉 부품 절삭 라인과 관련된 현장의 정보가 설계 부문에 충분히 전달되지 않았던 것이 근본적 원인이다.

라인 정지의 근본 원인을 알게 되었으나 현실에서는 이렇게 끝나지 않는다.

왜 현장의 중요한 정보가 전달되지 않았는지, 왜 설계자는 현장에서의 사용 방법을 충분히 고려하지 않았는지 등으로 **'왜?'는 이어진다.**

이렇게 파고들다 보면 사내 의사소통과 부서 간 정보 공유의 문제 등 다른 사례에 응용할 만한 내용이 나오기도 한다. 따라서 **도요타 직원 한 사람 한 사람이 평소에 항상 '왜?'라고 질문하며 깊이 파고드는 습관을 들이면, 문제의 발생을 방지하고 회사 전체의 효율을 높여 생산성 향상에 큰 도움이 된다.**

다섯 번의 '왜?'로 문제 해결

첫 번째 '왜?'

왜 컨베이어에
부품이 걸렸나?
▶
컨베이어에서 요철을
발견했다.

두 번째 '왜?'

왜 컨베이어에
요철이 생겼나?
▶
컨베이어 공정에
문제가 있었다.

세 번째 '왜?'

컨베이어 제조 공정의 어디에
문제가 있었나?
▶
온도 변화에 약한
부재를 사용했다.

네 번째 '왜?'

왜 컨베이어에
이 부재를 사용했나?
▶
설계자가 온도 변화를
고려하지 않았다.

다섯 번째 '왜?'

왜 설계자는 온도를
고려하지 않았나?
▶
현장 상황을 제대로
이해하지 못했다.

이것으로 끝나지 않는다.
그 후에도 '왜?'는 계속된다.

이것이야말로 도요타에서 실천하는 가이젠의 진면목이다. 참고로 다섯 번 이상 '왜?'를 반복하는 절대 규칙을 제창하고 사내에 확산시킨 사람은 도요타 생산방식의 창시자로 불리는 오노 다이이치 전 부사장이다.

오노 다이이치가 현장을 자주 돌아보며 문제의 원인을 찾는 담당자에게 "근본 원인을 밝힐 때까지 이 원 안에서 생각하게" 하고 바닥에 분필로 원을 그렸다는 일화가 전해진다.

직원 한 사람 한 사람에게 '다섯 번의 왜' 원칙을 철저히 가르치려 했던 오노 다이이치 전 부사장의 엄격한 태도를 엿볼 수 있다.

신뢰하므로 망설이지 않고 라인을 멈춘다

지금부터는 회사와 직원 또는 상사와 부하 간 신뢰 관계의 이상적 모습을 보여주는 장면을 소개하려고 한다.

도요타자동차 제조 현장의 라인 옆에는 머리 위를 지나는 줄이 있다.

실로 아날로그적인 대책으로 **줄을 당기면 라인이 멈추게 되어 있다.** 예전에는 현장 담당자가 화장실에 가고 싶을 때 이 줄을 당겼고 라인이 불규칙하게 몇 번씩 멈추곤 했다.

이것이 너무 비효율적이어서 지금은 휴식 시간을 충분히 설정해 화장실 용무 때문에 라인을 불규칙하게 멈추는 일은 없어졌다.

하지만 자신의 작업에 문제가 생겼을 때 줄을 당기는 아날로그식 대책은 지금도 계속되고 있다.

줄을 당기면 어떻게 될까? 먼저 반장이 달려와 "이봐, 무슨 일이야?" 하고 라인을 멈춘 이유를 묻는다.

그러면 직원은 "죄송합니다! 사실은 여기 이 작업을 제대로 하지 못했습니다" 하고 잘못이 발생한 부분을 솔직히 보고한다. 반장은 "그래? 어느 부분이야?" 하고 말하며 능숙하게 작업을 도운 뒤 "자, 이제 괜찮아" 하고 라인을 다시 가동한다.

그 사이에 큰일이 발생한 듯 소동이 벌어지는 일은 없다. 다른 직원은 손을 멈추고 라인이 다시 움직이기를 묵묵히 기다린다.

줄을 당겨 라인을 멈춘 당사자도 아무 일 없던 것처럼 작업을 이어나간다. 라인을 멈췄다는 죄책감으로 인한 초조함이나 낙담한 기색은 찾아보기 힘들다. 지극히 일상적인 일이기 때문이다.

해외 직원 연수를 위해 외국 법인의 공장에 근무하는 현지 직원들을 초청해 공장 내부를 안내한 적이 있다. 그때 **해외 직원들이 가장 놀라워한 부분이 바로 이 라인을 멈추는 줄**이었다.

"줄을 당기면 라인이 멈추는데 정말 괜찮나요?"

"무서워서 당기는 사람이 있을까요?"

"우리 공장에서 라인을 멈췄다가는 반장이 부리나케 달려와 화를 낼 거예요."

해외 공장에서 일하는 직원들은 이렇게 말하며 줄을 당기는 일을 믿지 못했다.

그런데 때마침 실제로 담당자가 줄을 당겨 라인을 멈추는 장면이 눈앞에 펼쳐졌다. 우리가 설명한 대로 반장이 "이봐, 무슨 일이야?" 하고 생글생글 웃으며 달려왔고, 사정을 듣더니 "괜찮아, 괜찮아" 하고 말하며 즉시 잘못을 바로잡아 주었다.

그리고 라인은 아무 일 없던 것처럼 다시 움직였다.

이 일련의 과정을 지켜본 해외 직원들은 눈을 동그랗게 뜨고 놀라워했다. 그야말로 문화 충격이었던 것이다.

일본의 도요타 직원에게는 일상적인 일이다. 망설임 없이 줄을 당겨 라인을 멈추고 본인도 상사도 웃는 얼굴로 대처한다.

불량을 다음 공정으로 보내는 것은 죄

망설임 없이 줄을 당겨 라인을 멈추는 일에 대해서는 해외 직원뿐 아니라 일본의 다른 제조업 종사자들도 위화감을 느끼리라 생각한다.

라인을 멈추면 단번에 효율이 떨어지고 때에 따라서는 예상치 못한 잔업을 할 수도 있다. 모두에게 폐를 끼치고 상사는 그에 대한 책임을 져야 한다. 다시 말해 웃을 만한 상황이 아니다.

대부분은 "누가 멈췄어!", "너야? 대체 뭐하는 거야?" 하는 호통이 날아들기 마련이다.

이러면 모두 자신이 라인을 멈추는 당사자가 되기 싫다고 생각한다. 그래서 자기 앞으로 불량 부품이 지나가도 못 본 체하고 싶어진다. 자기 탓도 아닌데 라인을 멈춘 책임을 지기는 싫기 때문이다.

하지만 **도요타 직원은 그렇게 생각하지 않는다.** 도요타에 입사하면 자기도 모르는 사이에 그와 **정반대 사고를 익히게 된다.**

라인을 멈추지 않고 불량 부품이 그대로 라인을 따라 가면 어떻게 될까?

불량 부품이 그대로 사용되어 조립되지 않는다고 해도, 다음 공정으로 넘어가 늦게 발견하면 할수록 더 큰 골칫거리가 된다. **훨씬 앞의 공정에서 라인을 멈췄을 때에 비해 분명히 몇 배나 효율이 떨어진다.**

그리고 못 본 체한 직원은 자신이 알아챘을 때 진즉에 줄을 당

문제가 발생했을 때……

줄을 당겨 라인을 멈춘다.

하지만 많은 회사에서는

혼날 거야.

내가 책임져야 해.

라인을 멈추지 못한다.

'가이젠' 철학을 공유하고 서로 신뢰하므로
라인을 멈출 수 있다!

기지 않았던 일을 후회한다. "왜 여기까지 흘러와 버렸지?" 하고 원인을 추궁당하면 어딘가에서 자신이 모른 체한 사실을 자백해야 할지도 모른다.

자립성을 기르고 효율을 높이는 상사의 대응

앞에서 말했듯이 내가 입사 후에 배속된 법무팀은 제조 현장의 라인에서 멀리 떨어진 지원 부문이었다. 그러나 도요타에 입사한 직원은 어디에 배속되든 상관없이 입사 후 연수에서 현장 경험을 한다. 나 역시 입사 후 2개월 정도 현장에서 일했다.

고작 2개월 만에 도요타 생산방식을 전부 이해하기는 힘들지만 선입견이 없는 백지상태에서 현장을 경험하므로 배우는 것도 아주 많고 도요타 직원으로서의 현장 감각도 조금은 몸에 익힐 수 있다.

벌써 몇 십 년이나 지난 이야기지만 지금도 그때 익힌 현장 감각을 기억한다. 그때 받은 연수 덕분에 노동조합 전임자가 된 후 제조 현장 직원들과 마음을 터놓고 이야기할 수 있기도 했다.

2개월간의 연수 동안 갑자기 라인이 멈추는 일도 경험했다. 사전 강의에서 "거리낌 없이 줄을 당겨도 좋아. 폐를 끼치는 일이 아니니까 괜찮아" 하는 설명을 들었으므로 '정말 멈추는구나' 하고 생각은 했어도 놀라지는 않았다.

하지만 막 사회인이 된 나는 반장에게 폐를 끼치고 싶지 않은 마음이 강했다. 나 때문에 줄을 당기지 않도록 노력하며 집중력을 발휘했다.

사실 이러한 감각, 즉 **'내가 잘하면 라인을 멈추지 않아도 된다'** **하고 생각하는 것**도 도요타 생산방식의 장점 중 하나다.

"라인을 멈추지 않도록 주의해" 하고 위에서 압력을 가하기보다 "마음껏 줄을 당겨도 좋아" 하고 말하는 편이 **진심으로 분발하** **게 해 집중력을 높인다.**

이와 같은 회사의 대응으로 직원 한 사람 한 사람이 자립성을 기르고 스스로 효율을 높이는 것이 도요타 생산방식의 진수이자 회사 전체의 문화다. 이런 문화에서는 **비밀을 철저히 배척한다.**

따라서 최근 일부 대기업과 가스미가세키(도쿄도 지요다 구 시내의 중앙관청가)에서 빈번히 발생하고 있는 은폐나 눈속임 같은 부정이 도요타에서는 절대로 일어나지 않는다.

절대로 일어나지 않는다는 자부심과 자신감은 경영진과 직원이 공유하는 신뢰감에 뿌리를 두고 있으며 도요타의 기업 문화 그 자체다.

역사에 남을 전후 최대의 위기

노사 관계의 절대적 요소인 신뢰감이 생겨난 배경에는 도요타 경영진은 물론이고 직원이라면 누구나 배워 뇌리에 새겨진 쇼와(1926년부터 1989년까지 일본의 연호)의 역사가 있다.

이를 간단히 살펴보자.

종전 후인 1945년 8월, 일본 산업계는 일본인의 부지런하고 의욕적인 태도를 기반으로 급속히 부흥하고 있었다. 자동차 산업은 도요타, 닛산, 이스즈가 중심이 되어, 주로 트럭 생산에 박차를 가하며 부흥을 견인했다.

도요타의 생산 대수는 1947년에 3,922대(그중 승용차가 54대), 다음 해인 1948년에는 6,730대(승용차 21대), 1949년에는 1만 대를 넘어 1만 624대(승용차 235대)로 급증했다.

다른 산업도 마찬가지로 생산 활동이 활발해져 일본 경기 전반이 뜨겁게 끓어올랐다. 이처럼 너무 급속한 부흥과 그에 따른 초인플레이션(단기간에 통상적인 수준을 넘어서 발생하는 심한 물가 상승 현상)에 위기감을 품던 연합국최고사령부(정식 명칭은 Supreme Commander of the Allied Powers, 약칭 SCAP. 일본에서는 흔히 General Headquarters, 약칭 GHQ라고 부른다. 일본이 태평양전쟁에서 패전한 후 포츠담 선언에 근거해 1945년 10월부터 1952년 4월까지 일본을 점령하고 관리하기 위해 설치하여 군사 문제나 일반 민정 문제 등에 대한 기본 정책을 결정한 연합국 사령부다—옮긴이)는 강력한 인플레이션 억제 대책을 수립했다.

샤우프 권고(연합국최고사령부의 요청으로, 1949년 미국의 경제학자 칼 샤우프를 단장으로 하여 결성된 사절단이 권고한 일본의 세제 개혁안—옮긴이)나 도지 라인(미국의 은행가이자 일본 점령군 총사령부의 금융 고문인 조지프 도지가 1949년에 일본의 극심한 인플레이션 억제를 위해 제시한 강력한 긴축정책—옮긴이)으로 불리는 강제적 조치다.

이러한 조치로 일본 경제는 180도 바뀌어 극단적인 디플레이션에 빠졌고 산업계 전반이 악화되었다. 자동차 산업도 예외가 아니어서 수요가 줄고 판매한 자동차 대금의 회수가 정체되어 현금 유동성이 눈에 띄게 악화되었다.

도요타는 1949년에 생산 대수가 1만 대를 넘어섰으나 그해 말에는 당시 돈으로 2억 엔의 자금 부족을 겪었다. 이는 급여를 제대로 지급할 수 없을 뿐 아니라 경영을 지속하려면 인원을 감축해야 하는 심각한 위기 상황이었다.

당시 사장이던 도요타 기이치로 이하 경영진은 은행에 융자를 의뢰하는 한편 원재료 구입처에 대금 지급 유예와 원재료 공급 유지를 부탁하며 날마다 머리를 숙였다.

하지만 부탁한 은행 융자는 제대로 이루어지지 않았다. 융자를 승낙해주는 은행이 없었다.

도요타 기이치로가 마지막으로 부탁한 사람이 일본의 중앙은행인 일본은행의 나고야 지점장이었다. 도요타의 경영 파탄이 자동차, 기계 등 일본의 제조업체가 밀집한 중부 지역 경제에 미칠 영향을 우려한 지점장은 일본은행이 후원하는 은행단의 협조를 얻어 융자 지원을 받게 해줬다.

다만 이 지원에는 조건이 있었다. 첫 번째는 생산 대수의 30% 감축, 두 번째는 판매 부문의 분리, 세 번째가 인원 감축이었다.

당시 도요타에게 다른 선택지는 없었다. 도산이라는 최악의 사태를 피하려면 조건을 받아들일 수밖에 없었다.

가장 큰 문제는 노동조합과의 합의였다. 회사는 1,600명 인원 감축을 노동조합에 제시했으나 당연히 노동조합은 승낙하지 않았고 파업으로 대항하는 등 격렬한 노동 쟁의가 일어났다.

도요타 내부에서 '대쟁의'라고 부르는 이 쟁의가 현재의 노사 관계의 원점이 되었다.

노사 간 신뢰를 구축한 도요타 대쟁의

결론부터 말하면 노동조합은 회사의 도산을 막기 위해 합의할 수밖에 없다고 판단해 인원 감축을 받아들였다. 그러나 노동조합이 일방적으로 손해를 보는 식으로는 합의하기 힘들었다.

이 합의에는 도요타 노사의 앞날을 결정짓는 두 가지 일화가 얽혀 있다.

첫 번째는 당시 사장이었던 도요타 기이치로의 사임이다. 간단히 말해 "종업원의 3분의 1을 해고하는 만큼 경영진도 책임을 지고 사장인 내가 그만두겠다" 하는 자세를 보여주었다.

자세뿐만이 아니라 다른 임원 두 사람과 함께 실제로 사임했는데 이러한 사실은 조합원 한 사람 한 사람의 마음에 깊이 새겨져 경영진에 대한 신뢰감이 싹트는 계기가 되었다. 하지만 그것이 노동조합이 방침을 바꾸는 흐름으로 이어지지는 않았다.

실은 수개월 전에 노동조합은 회사 측이 제시한 급여 10% 삭감안을 받아들였다. 그때 급여 삭감을 합의하는 대신 인원은 감축하지 않는다는 조건을 붙여 그 뜻을 명기한 각서를 회사와 교환했다.

노동조합은 이 각서를 이유로 인원 감축을 거부하고 쟁의를 법정으로까지 가져갔다. 노동조합은 나고야 지방법원에 해고 금지 가처분 신청을 냈다.

그런데 나고야 지방법원은 노동조합에 전혀 예상치 못한 지적을 하고 가처분 신청을 각하했다.

예상치 못한 지적이 무엇인가 하면, 각서의 노사 서명이 노동조합법에서 정한 기명·날인 또는 서명이 아닌 고무인이므로 정식 노동협약으로 인정할 수 없어 무효라는 것이었다.

임원의 한마디가 노사 관계를 바꾸다

노동조합의 가처분 신청이 각하되었다는 보고를 받고 임원회는 환호했다. 하지만 임원들의 이 같은 반응을 냉정하게 꾸짖은 임원이 있었다. 당시 생산 담당 이사였던 도요타 에이지였다. 도요타 에이지는 이렇게 말했다.

"서면은 무효라도 약속은 약속이 아닌가."

그 후 15년 동안 사장을 지낸 도요타 에이지의 이 한마디는 노동조합 간부뿐 아니라 직원 한 사람 한 사람에게 고이 전달되었다.

이것이 도요타 노사의 관계성을 결정지은 두 번째 일화다.

도요타 에이지의 발언은 도요타의 노사 관계를 대립 관계에서 **수레의 양 바퀴처럼 함께 나아가는 신뢰 관계**로 바꾼 획기적인 말이었다.

얼마 지나지 않아 1962년에 노사는 상호 신뢰를 핵심으로 한 '노사 선언'을 체결했다. 대쟁의 때의 이 두 일화가 노사 선언의 기반이 되었다.

대쟁의는 1,600명 인원 감축과 사장을 비롯한 임원 두 명의 사임으로 진정되었으나 경영 환경은 여전히 엄혹했다.

그런데 대쟁의가 끝나기를 기다렸다는 듯 일본 경제가 살아나는 계기가 찾아왔다. 1950년 6월 25일에 발발해 1953년 7월에 휴전한 한국전쟁으로 일본은 예기치 못한 특수를 누렸다. 자동차 산업은 트럭과 함께 승용차 생산도 급증해 각사 모두 활황을 맞았다.

필연적으로 일손이 부족해져 인원 감축에서 인원을 충원해야 하는 상황으로 급변했다. 감축으로 퇴직했던 직원 일부가 기쁘게 돌아왔다. 노동조합은 회사의 실적이 회복되면 해고 직원을 우선 채용한다는 합의를 회사와 맺었었다.

대립에서 벗어나 수레의 양 바퀴론을 확립한 노사 선언

대쟁의가 시작되고 1962년 노사 선언이 체결되기까지 일본의 노동 운동은 전반적으로 불안정했다. 특히 도요타 노동조합이 회사의 인원 감축에 대항하던 무렵은 각사의 노동조합이 모두 위기에 직면해 회사와 투쟁을 벌이고 있었다.

회사와 싸우는 한편으로 노동조합 내부의 노선 투쟁도 격화되었는데, 큰 흐름으로는 "회사가 망하면 노동조합이 대신해 회사를 경영하면 된다"는 극론을 내세우는 강경파와 "회사가 망하면 모든 것을 잃는다. 기업 경영의 건전화를 전제로 경영진에게 제언하여 조합원의 생활 향상을 실현해야 한다" 하는 온건파가 대립하는 형국이었다.

이 대립의 중심에 있던 것이 도요타 생산방식으로 "그것은 노동 강화이며, 노동자에 대한 착취다"라는 외부의 비판적 목소리에 호응하는 조합원이 있는가 하면 "도요타 생산방식을 온전히 받아들여야 회사가 발전한다. 그렇게 해야만 종업원의 고용을 지키고 생활 향상도 기대할 수 있다"고 말하는 조합원도 있었다.

실제로 회사가 도산 위기에 직면했을 때도 당연히 의견은 격렬하게 대립했다. 하지만 당시 도요타 노동조합의 간부진은 냉정했다.

인원 감축을 받아들인 이유는 "노동조합이 아무리 과격하게 투쟁해도 회사가 도산하면 조합원의 생활은 회사와 함께 이내 파탄난다. 그러면 우리는 오갈 데 없는 처지가 되고 만다"고 판단했기 때문이다.

도요타 노동조합은 쟁의 과정에서 경영진이 약속을 철저히 지키고 노동조합을 존중한다는 사실을 피부로 느끼면서 **수레의 양바퀴**와 **노동 조건의 장기 안정적 향상**이라는 두 가지 표현으로 응축된 사고방식을 정립했다.

이는 회사 측과 대립 관계를 전제로 활동하지 않고 **상호 신뢰와 실적 및 노동 조건의 향상을 목표**로 하는 사고방식이다.

이를 회사와 함께 명문화해 사내외에 발표한 것이 1962년의 노사 선언이다.

그렇다면 노사 선언에는 어떤 내용이 담겼을까. 전문이 길어서 중심 부분만 뒤에 소개하기로 한다(56쪽).

당시 도요타 노동조합은 이 선언을 외부에 크게 선전하지 않았다. 지금 다시 읽어보면 노사 공통의 사고방식으로서 매우 합리적이고 내세우지 못할 부분을 찾기 힘들다. 하지만 당시 일본의 노동 운동은 강경파의 사고방식이 주류였으므로 노동조합 집행부는 서명에 조금 주저했다고 한다.

내가 노동조합 전임자가 되고 2년 정도 지났을 즈음 있었던 역대 위원장 간담회에서 당시 위원장이었던 선배가 나에게 이런 이야기를 해주었다.

"그 노사 선언의 문구는 주로 회사가 생각한 것이었지. 물론 노동조합 집행부 대부분은 그러한 사고방식에 동감하고 있었지만 당당히 가슴을 펴고 합의하기는 힘들었어."

전직 위원장이었던 다른 선배가 거들었다.

"하지만 우리는 선언의 취지에 찬동했고 진심으로 실천을 다짐했기 때문에 서명한 거야."

이야기를 들으며 고개를 끄덕이던 나는 이 말을 듣고 마음이 놓였다.

최근에는 기업 및 노동조합이 연례행사에서 노사 선언을 교환하는 사례를 볼 수 있으나 노동 운동이 아직 격렬하던 1960년대 초반에 이러한 사고방식을 선언한 예는 본 적이 없다.

도요타에서는 10년마다 노사가 함께 노사 선언을 재확인해 '확인 선언'을 발표하고 있다.

2012년에는 마침 노사 선언 50주년을 맞이하여 본사의 사무본관 부지에 기념비를 건립했고 노사 대표가 참석한 제막식도 거행했다. 그만큼 1962년의 노사 선언을 중요하게 생각한다는 의미다.

노사 선언 (1962년 2월)

1. 자동차 산업의 번영으로 국민 경제 발전에 이바지한다.

일본의 기간산업으로서 자동차 산업의 중대한 사명과 국민 경제에서 차지하는 위치를 인식하고 노사가 상호 협력하여 이러한 목적을 달성하기 위해 최선의 노력을 다한다. 특히 기업의 공공성을 자각하여 사회 · 산업 · 대중을 위한 봉사 정신을 투철히 한다.

2. 노사 관계는 상호 신뢰를 기반으로 한다.

신의와 성실을 신조로 과거 수많은 변천을 겪으며 구축해온 상호 이해와 상호 신뢰를 바탕으로 한 건전하고 공정한 노사 관계를 한층 발전시켜, 서로의 권리와 의무를 존중하고 노사 간 평화와 안정을 꾀한다.

3. 생산성 향상을 통해 기업의 번영과 노동 조건의 유지 개선을 도모한다.

이를 위해 노사는 상대방의 입장을 이해하고 공통의 기반을 세워 생산성 향상과 성과 확대에 힘쓰며, 이를 바탕으로 고용 안정과 노동 조건의 유지 개선을 도모해 더욱 비약하는 원동력을 길러내야 한다. 회사는 기업 번영의 근원이 사람에게 있다는 이해에 기초해 스스로 노동 조건의 유지 개선에 힘쓴다. 또한 노동조합은 생산성 향상의 필요성을 인식하여 기업 번영을 위한 회사의 모든 시책에 적극적으로 협력한다.

이상 세 가지 기조를 바탕으로,
(1) 품질과 성능 향상
(2) 원가 절감
(3) 양산 체제의 확립
을 도모한다.

타성을 싫어하는 도요타는 철저히 대화한다

1962년에 노사 선언을 체결한 이후 지금까지 10년마다 확인 선언을 발표하는 방식은 참으로 도요타답다.

특히 확인 선언으로 노사 쌍방이 서로의 **사고방식과 역할을 다시 논의하고 확인**하는 일은 타성을 싫어하는 도요타이기에 가능한 행사가 아닐까 생각한다.

도요타는 **타성으로 지속하지 않고 무엇이든 끊임없이 검증하면서 지속할 필요가 있을 때만 지속한다**는 사고방식을 줄곧 유지하고 있다. 이는 말할 것도 없이 도요타 생산방식과 통하는 사고방식이며, 도요타 생산방식을 발전시켜온 원동력의 하나이기도 하다.

도요타 직원은 다양한 기회를 통해 타성을 버리고 **근본부터 다시 생각하고 논의하기**를 실천해오고 있다.

도요타 노동조합의 하계 및 동계 상여금 논의를 예로 들어보자. 도요타는 1960년대 중반부터 1980년대 말까지 약 20년간 매년 상여금으로 6.1개월분의 월급을 지급한다는 요구와 타결을 꾸준히 유지해왔다. 회사의 이익이 늘어나든 줄어들든 6.1개월분이었다.

그래서 경기가 좋을 때는 조합 쪽에서 '좀 더 요구해도 괜찮지 않나?' 하고 생각하며 6.1개월분에 불만을 가지기도 했다. 한편 경기가 나쁠 때는 회사 쪽에서 '경기가 나빠 이익이 줄었는데 6.1개월분은 너무 힘들다' 하고 생각했다.

하지만 약 20년이라는 오랜 기간 동안 노사는 서로 6.1개월분의 요구와 타결을 유지해왔다.

그런데 여기에는 이런 일화가 숨어 있다.

1982년에 도요타자동차공업과 도요타자동차판매가 합병해 당시 일본 최고액인 7,000억 엔이 넘는 이익을 냈다.

당시 노동조합의 서기장은 "회사가 일본 최고의 이익을 냈으니 이제 6.1개월분은 접고 요구액을 올리는 것을 고려해보면 어떻겠습니까? 그에 관해 논의해봅시다" 하며 집행위원을 부추겼다.

집행위원에서는 "좋습니다!" 하고 기뻐하며 "이 기회에 6.5개월분으로 올려도 되지 않을까요?" 하며 논의를 시작했다. 그러던 어느 날 한창 논의가 진행되던 중 서기장이 나타나 잠시 논의를 지켜보다가 큰 목소리로 말했다.

"이런 허술한 논의로는 올해도 6.1개월분일 수밖에 없습니다. 그러니 각 직장(도요타자동차 노동조합에는 20개 지부가 있으며 각 지부에는 원칙적으로 회사 조직 내 조합원으로 구성된 직장을 설치한다. 직장은 노동조합의 가장 말단 조직으로, 각 직장에서 진행하는 노동조합 회의인 직장회에서 조합원의 의견을 듣거나 노동조합의 방침 등을 설명하고 전원의 이해를 얻어 만장일치로 의견을 모으도록 의무화하고 있다―옮긴이)에 이를 어떻게 이해시킬지부터 다시 논의해야 합니다."

결국 긴 시간 동안 논의했고 동결에 대해 직장을 설득하는 과정을 거쳤다. 대부분 직장에서 이해를 얻었고 회사 측에 6.1개월분을 요구했다. 회사 측도 면밀히 논의하였고 결국 예년대로 6.1개월분을 지급하기로 마무리했다.

오랫동안 6.1개월분을 지급하고 지속해왔는데 굳이 새삼스럽게 원점으로 돌아가 다시 논의할 필요가 있느냐고 생각할지도 모른다. '올해도 똑같이!'로 간단히 끝낼 수 있는 일이다. 하지만 도요타에서는 절대로 일을 그렇게 마무리하지 않는다.

매년 같은 결론에 도달한다는 사실을 안다 해도 **근본부터 다시 논의**하는 태도가 도요타웨이다.

제1장 POINT

- 도요타에는 가이젠 철학이 있다.
- 다양한 의견이 있어도 공통의 철학이 있으면 합의점을 찾는다.
- 노사가 상호 신뢰 관계를 확립해야 회사가 강해진다.
- 성과가 있으면 그에 상응하는 보상을 해야 한다.
- 문제가 생기면 다섯 번 '왜?'를 반복해 원인을 찾는다.
- 매년 같은 결론에 도달해도 원점으로 돌아가 논의한다.

타협하지 않는 도요타의 대화 방식

Toyota

역풍을 맞은 도요타 생산방식

도요타 생산방식은 직원 한 사람 한 사람이 스스로 생각하고 행동하는 가이젠을 통해 언제나 능률을 향상하도록 한다. 능률 향상을 위한 노력은 오늘에서 내일, 내일에서 모레로 끝없이 이어져 **'이제 이 정도면 충분해' 하는 목표 기준이 없다.**

목표 기준도 없이 능률 향상을 위한 노력을 끊임없이 강요받으므로 내가 입사했을 즈음에는 외부 사람들, 특히 타사의 노동조합 관계자들 사이에서 도요타 생산방식에 대한 신랄한 비판의 목소리가 높았다.

이런 말들이 들렸다. "도요타의 생산 현장에서는 노동자들이

혹사 당하고 있다." "그러한 생산방식은 노동자에 대한 착취일 뿐이다."

내가 입사하기 2년 전인 1973년에는 도요타 공장을 무대로 한 가마타 사토시의 소설 《자동차 절망 공장: 어느 계절공의 일기》 (국내에는 1995년에 번역 출간되었다—옮긴이)가 출간되어 화제를 모으기도 했다.

나도 읽어보았는데 가마타 사토시가 실제 도요타에서 계약직으로 일한 경험을 바탕으로 아주 현장감 있게 쓴 책이다. 당시 대학생이던 나는 '도요타는 이런 회사구나' 하고 그대로 받아들였다. 고향에 있는 기업이라 애착을 느꼈던 터라 조금 실망하기도 했다. 하지만 2년 후에 그 '절망 공장'의 직원이 되었으니 진심으로 이 책에 공감하지는 않았던 모양이다.

사방에서 날아드는 비판의 목소리를 일축하듯 도요타 경영진은 직원들을 향해 매몰찬 말을 반복했다. 그중에서도 "마른 수건도 짜면 물이 나오는 법이다"라고 한 도요타 에이지의 말이 유명하다.

이 말은 능률 향상의 아이디어는 짜면 짤수록 나오므로 끝이 없다는 의미였다. 하지만 일부 언론과 학자는 '직원에게서 착취할 수 있을 만큼 착취해야 한다' 하는 의미로 받아들여 더욱더 거

세게 비판했다.

도요타 에이지는 비판 여론에 실망해 이렇게 설명했다.

"이 말은 그런 의미가 아니다. 수건이 다 말랐다고 생각해도 공기 중에 수분이 있으므로 다시 축축해진다. 그러므로 계속 짜내야 한다는 의미다."

요컨대 **가이젠을 위해서는 '이제 내가 가진 지혜는 전부 다 짜내서 더는 없어' 하고 생각해도 시간이 지나면서 새로이 숨어드는 문제를 발견하고 이를 해결하려면 다시 지혜를 짜내야 한다.** 다시 말해 가이젠에는 끝이 없다는 말이다.

대부분 도요타 직원은 그렇게 받아들였으리라고 추측하나 사내외를 불문하고 도요타 생산방식의 진수를 진정으로 이해하는 데에는 다소의 세월과 경험이 필요하므로 오해하는 직원도 있었을지 모르겠다.

해외 직원은 한층 더 이해하기를 힘들어 한다. 외국 법인의 직원에게 일본의 생산 라인을 견학시켰을 때 그들을 놀라게 한 것은 라인을 멈추는 줄만이 아니었다. 해외 직원들은 일본의 현장 직원들이 능률적으로 빠르게 움직이는 작업 속도를 보고 놀라며 이렇게 물었다.

"이렇게나 민첩한 움직임을 요구받으면 노동자들이 자주 파업하지 않나요?"

미국이나 유럽의 상식으로는 믿기지 않을 만큼 **빠른** 속도로 일하고 있었던 것이다.

안내하는 우리가 보기에는 당연한 속도에 해외 직원들이 눈을 동그랗게 뜨고 놀라워하는 모습을 보며 일본 공장과 해외 공장에서 작업자의 움직임이 그 정도로 차이가 난다는 사실에 우리도 놀랐다.

마른 수건을 짜는 기쁨

'자동차 절망 공장' 같은 말이 등장할 정도로 세간의 역풍이 거센 가운데 도요타 생산방식을 날마다 실천하는 직원들은 어떤 기분이었을까?

틀림없이 편안하지만은 않았을 것이다. 가족과 지인에게서 "괜찮아?" 같은 안부 인사 정도는 한두 번쯤 들었을지 모른다.

그런 상황에서 입사한 나도 마음이 좋지만은 않았다.

하지만 신입 사원 연수를 위해 현장에 배치되고 선배 직원들과 함께하며 도요타 생산방식을 경험한 후에는 이런저런 걱정이 말끔히 사라졌다.

현장의 선배 직원들은 절대로 마지못해 일하고 있지 않았다.

해외 직원들이 눈을 동그랗게 뜨고 놀라워했던 민첩하고 빠릿빠릿한 움직임은 분명히 있었지만, 그 모습을 보며 비판적인 생각 따위는 비집고 나올 틈도 없이 그저 "굉장해!" 하고 감탄할 따름이었다.

직원 한 사람 한 사람이 일하는 움직임에 억지로 시켜서 하는 모습이 없고 모두 자신의 의지로 움직이고 있다는 것을 이제 갓 입사한 나도 알 수 있었다.

고작 2개월의 공장 체험이었으나 도요타 직원으로서는 매우 의미 있는 출발이었다.

물론 이 짧은 체험으로 이해할 만큼 도요타 생산방식은 단순하지 않았다. 신입 사원 연수만으로 마른 수건이 무엇인지를 완벽히 이해하기도 힘들었다.

참고로 마른 수건에 대해서 나중에 알게 된 사실이 있다.

마른 수건을 짜듯이 항상 가이젠을 의식하고 작업하면 **수건을 짜는 일이 점점 기분 좋게 느껴진다**는 사실이다.

어떻게 기분이 좋은가 하면 **가이젠의 지혜가 자신의 머릿속에서 잇따라 떠오른다는 사실 자체가 순수하게 기쁘다.**

예를 들어 내 앞의 공정에서 무언가 가이젠을 해서 다음 공정으로의 전달 방식을 미묘하게 바꾼다. 그러면 다음 공정에 있던 나도 현재 방식을 그대로 지속하는 게 좋을지 어떨지 자연스럽게

가이젠의 순환 고리가 시작되다

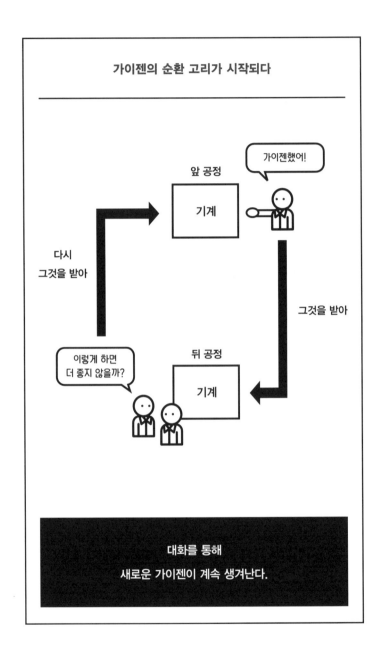

고민하고 아이디어를 짜낸다. 스스로 방안을 도모하면 반드시 무언가 지혜가 떠오른다.

바로 이 순간이 기분 좋게 느껴진다. 떠오른 아이디어를 앞 공정의 직원에게 이야기하면 "좋은 생각이야. 이쪽 공정도 그에 맞춰 더 개선할 부분이 있는지 살펴봐야겠군" 하고 앞 공정에서도 가이젠의 지혜를 짜낸다.

앞뒤 공정을 담당하는 **두 사람의 의사소통이 거듭 새로운 가이젠을 불러온다.** 즉 그림(68쪽)과 같은 방식으로 끊임없이 지혜를 짜내는 가이젠을 실천하게 된다.

도요타를 세계 최고로 이끈 상호 신뢰의 힘

지혜가 잇따라 떠오른다는 사실을 기분 좋게 느끼기 위해 필요한 절대적 조건이 있다.

바로 **직원 한 사람 한 사람이 회사를 신뢰해야 한다.**

신뢰는 하루아침에 쌓이지 않는다. 앞에서도 말했듯 신뢰를 쌓는 요건 중 하나는 지혜에 대한 **금전적 보상**이다. 예를 들어 가이젠 제안 한 건에 500엔이라는 적은 보상이 지급된다 해도 몇 십 년간 지속해오고 있다는 데에 의미가 있다.

회사는 절대로 창의연구 제안제도를 타성으로 지속하고 있지 않다. '매일 생각하고 매일 지혜를 짜내고 매일 시험해보는 노력이야말로 도요타 생산방식의 근간이므로 그 노력을 증명하는 지혜에 마땅히 보상한다'는 원칙을 지극히 당연하게 받아들이고 의문의 여지 없이 지속하고 있다.

회사에 대한 신뢰를 유지하는 또 하나의 요건은 1962년에 발표한 **노사 선언의 확고한 계승**이다. 도요타 노동조합의 역대 간부들은 이 선언의 중대성을 실감하고 그 내용을 철저히 확인해 활동의 근간으로 삼아왔다.

도요타 노동조합에는 도요타 생산방식을 부정적으로 받아들이는 사람이 이제 거의 없다. 부정은커녕 도요타가 자동차 생산 대수에서 세계 최고가 된 승리의 요인이 도요타 생산방식에 있다는 사실을 솔직히 인정한다.

물론 논의는 끊임없이 계속한다. 또한 도요타 생산방식에서는 실제로 생산에 종사하는 직원 한 사람 한 사람의 **자주성**이 가장 중요하고, 그러한 자주성을 기르고 유지하려면 **회사에 대한 신뢰**가 필수라는 사실을 끊임없이 재확인한다.

한편 회사도 직원을 신뢰한다.

그런데 '직원을'이라는 말이 너무 추상적이어서 표면적으로만 내세우는 태도로 여겨지기 쉽다. 추상적인 신뢰나 표면상의 원칙만으로는 노사 선언에서 강조하는 상호 이해와 상호 신뢰를 쌓기가 힘들다.

그래서 회사는 '전 직원'이나 '직원 한 사람 한 사람' 같은 추상적 대상이 아닌 직원 개개인이 가입한 '도요타자동차 노동조합'을 상호 이해와 상호 신뢰의 구체적 대상으로 삼았고, 다양한 기회를 통해 마음을 터놓고 대화를 지속해왔다.

회사는 대화 중 늘 이렇게 강조한다.

"문제나 요구사항 등 회사에 해야 할 말이 있으면 먼저 노동조합 간부에게 말해주기 바랍니다. 그러면 반드시 해결할 수 있을 것입니다."

이 말에서 노동조합의 의견에 관심을 가지고 이를 높이 평가하며 그 토대에서 적극적인 의사소통을 도모하려는 회사의 자세를 엿볼 수 있다.

회사와 노동조합이 **날마다 이러한 대화와 행동, 노력을 지속해야만 상호 이해와 상호 신뢰가 실현**된다.

도요타를 세계 최고의 자동차 제조사로 만든 것은 분명 도요타 생산방식이지만, 도요타 생산방식이 위력을 발휘한 배경에는 도요타 노사의 **상호 이해**와 **상호 신뢰**가 있었다는 사실을 강조하고 싶다.

노사 대등의 원칙을 끝까지 지켜내다

이처럼 도요타 노사는 상호 이해와 상호 신뢰를 바탕으로 도요타 생산방식을 더욱 실효성 있게 만들어왔다.

이때 신뢰 관계를 지속하려면 불가결한 조건이 있다.

서로가 항상 대등한 관계를 유지한다는 원칙, 다시 말해 **노사 대등의 원칙을 끝까지 지켜야 한다.** 하지만 단순히 말만으로는 미덥지 않다. 실제로 대등한 관계를 눈에 보이는 형태로 제시해야 하고 그 형태가 무너지면 신뢰 관계에 균열이 생긴다.

대등한 형태에서 가장 신경 써야 하는 부분이 **대화 상대**다.

임금 교섭을 위한 노사 협의에서 회사 측 참석자는 사장과 담당 임원이고 사장이 반드시 최후 발언을 한다. 노동조합 측에서도 위원장이 대표로서 최후 발언을 한다.

임금 교섭은 쌍방에게 가장 중요한 협의이므로 노사 대표가 참석해 발언한다. 임금 교섭 다음으로 중요한 협의에서는 회사 측은 담당 임원, 노동조합 측은 담당 부위원장이 참석한다.

노동조합의 역대 간부들은 노사 대등의 원칙을 중요하게 생각해왔다. 서로 신뢰하려면 노사 대등의 원칙이 반드시 지켜져야 한다고 믿었다.

'대등한 관계'는 형식에서 출발한다

회사 측		노동조합 측
사장	=	위원장
부사장	=	부위원장
인사부장 등	=	국장
공장장	=	지부장
담당 부장	=	직장위원장

대등한 대화 상대가 정해져 있다.
형식이 중요하다!

"노사가 대등하다"고 입으로 말하기는 쉽지만 이를 실제로 관철해나가기는 쉽지 않다.

따라서 노동조합은 기본 원칙을 만들었다.

사전에 대등한 형식을 만들어두기 위해 카운터파트, 즉 각각의 지위에 상응하는 대화 상대를 정해둔 것이다.

구체적으로 노동조합 위원장의 대화 상대는 사장, 부위원장은 담당 부사장, 국장은 인사부장을 비롯한 각 부문의 장, 공장 지부장은 공장장(상무이사급), 직장위원장은 각각의 담당 부장 같은 식이다.

이러한 원칙은 이른바 상대에 대한 입장을 존중하는 자세를 구체적 형태로 보여준다. 따라서 "오늘은 참석이 여의치 않아서" 하고 함부로 직전에 취소하거나 대리를 내세우는 행위는 노사 대등과 상호 신뢰의 취지에 반하며 이제까지 쌓아온 신뢰를 무너뜨리게 된다.

회사와 노동조합이 모두 중요시하는 문제 해결의 경로

회사도 이러한 사고방식에 이견이 없고 노동조합과 마찬가지로 상대의 입장을 존중한다. 협의 자리에서뿐 아니라 평소에도 이를 신경 써주고 있다.

나는 36세에 도요타 노동조합의 서기장이 되었는데 회사는 서기장이라는 지위를 충분히 인정하여 아직 풋내기인 나를 존중해주었다. 대화 상대는 담당 임원(전무이사급)으로 50대 중반의 대선배였다.

노동조합 집행부의 간부가 아니었다면 이야기할 기회조차 없었을 대선배였지만 연배도 경력도 한참 밑인 나를 언제나 대등하게 대해주었다.

물론 나만 서기장의 지위를 인정받은 것은 아니다. 노동조합 집행부의 간부 경험자는 모두 나와 같은 경험이 있으며 직장위원(각 직장의 조합원 대표로 노동조합 전임자가 아니다)도 마찬가지로 각 직장의 대표로 존중받는다.

직장위원은 회사의 직제에서 반장급이 맡는다. 직원에게서 근무 환경이나 업무 수행 방식 등의 문제에 대한 지적을 듣고 개선 요구가 있을 때 그것을 반장으로서 받아들이지 않고 직장위원으로서 받아들인다.

따라서 **반장으로서 회사의 직제 순서에 따라 개선을 요구하는 것이 아니라, 직장위원의 위치에서 노동조합 간부에게 문제를 보고하면 노동조합 차원에서 이를 검토한 뒤 회사에 요구하는 절차**

를 따른다.

회사의 직제상 상사에게 상담하면 "근무 환경과 업무 수행 방식에 대한 문제나 요구 사항이 있으면 먼저 노동조합 간부에게 말하도록 해" 하는 응답이 돌아올 때가 많다. 이것이 바람직한 대응이며 실제로 그러는 편이 빨리 해결된다.

노동조합을 통하지 않고 회사의 직제를 통해 문제를 해결한 사실이 판명된 후 노동조합 집행부 간부가 회사의 해당 부문으로 항의하는 일도 있었다. 회사도 노동조합을 통하는 편이 바람직한 경로라고 이해하고 있으므로 회사의 직제를 통해 바로 보고되는 문제에 대해서는 해당 부문의 상사에게 "이것은 노동조합을 통해 해결해야 하는 문제가 아닙니까" 하고 반응하게 된다.

회사와 노동조합이 이러한 소통을 거듭하다 보면 직원 한 사람 한 사람이 **'우리 일터의 문제는 우리가 해결한다'는 사고방식을 자연스럽게 익힌다.**

도요타 직원의 자주성은 도요타 생산방식만이 아니라 이런 부분을 통해서도 길러진다.

논의를 생략하지 않고 스스로 생각하는 힘을 기른다

자주성을 기르고 언제나 스스로 생각하기를 습관화하기 위해 중요하게 생각해온 원칙은 그 밖에도 몇 가지 더 있다.

모든 주제를 생략하지 않고 반드시 원점부터 논의하는 것도 그 중 하나다.

예를 들어 상여금을 주제로 논의하는 경우 앞에서 말했듯이 도요타 노사는 매년 같은 주제를 검토하면서도 생략하지 않고 원점부터 다시 논의한다는 원칙을 줄곧 유지해왔다.

생략하겠다고 마음먹으면 얼마든지 생략할 수 있다. 직원의 성장보다 효율을 우선한다면 논의 따위는 하지 않고 신속히 진행하면 그만이다.

하지만 도요타 직원들은 논의를 생략하지 않는다. 그래서 도요타에서는 **"결정하기까지 시간이 걸린다"**라는 말을 자주 한다.

다만 여기에는 반드시 다음 말이 이어진다.

"결정하면 신속히 실행한다."

과연 말 그대로라고 생각한다. 긴타로아메의 비유와 달리 이번에는 칭찬으로 받아들여도 좋다. 무게 중심이 앞보다 뒤에 이어지는 말에 있기 때문이다.

회의의 생산성을 중시하는 회사에서는 "이 문제는 전에 논의했으니 같은 부분은 요점만 확인하도록 합시다" 하고 생략하는 일이 적지 않다.

도요타에서는 이렇게 진행하지 않는다. 전과 공통되는 부분이 있어도 그 부분을 포함해 문제를 원점부터 다시 논의한다. 이를 전제로 참가자 개개인이 처음부터 다시 생각한다.

물론 회사에는 위계질서가 있다. 상부에서 결정해 직원에게 지시하면 확실히 효율적이다.

만약 도요타가 그런 회사였다면 도요타 생산방식이 원활히 기능하지 않았을 테고 도요타가 세계 최고의 자동차 회사가 되는 일도 절대 없었을 것이다.

도요타에서는 새로운 일을 시작하기에 앞서 가능한 한 많은 직원이 참석하는 회의를 열어 일의 목적과 계획을 확인하고 자세한 진행 방법을 논의한다. 모든 일을 그렇게 해야 하는 것은 아니지만 강하게 장려하고 있다.

회의에 참석하지 않은 직원이 일의 실행에 관여하면 일의 목적과 의의 등 기본적 사항을 충분히 이해하지 못해 실수가 발생하기 쉽다.

가능한 한 많은 사람이 참여해 시간제한 없이 논의하는 자리는 일의 실행에 필요한 **세부 사항을 포함해 전반적 사항을 이해하는**

데 도움이 된다.

그러한 기초가 없다면 직원 한 사람 한 사람이 **스스로 생각하고 착오 없이 스스로 실행하는 습관**을 기르기가 힘들다. 도요타 직원은 제 몫을 다할 능력을 갖출 때까지 신입 사원 연수 단계부터 이러한 경험을 착실히 쌓는다.

노동조합의 교섭에 토대를 마련해주는 직장의 논의

시간이 걸려도 전원이 이해할 때까지 대화하고 각자 자주적으로 일을 진행하는 방식이야말로 도요타웨이다. 또한 이러한 대화 방식을 도요타 사내에 확산시킨 데는 누가 뭐래도 도요타 노동조합의 역할이 크다.

도요타 노동조합의 새로운 임기는 일반적으로 매년 9월에 시작한다. 새로운 임기가 시작되는 도요타 노동조합의 가을은 분주하다. 운동 방침 연수를 시작으로 내년 봄의 노사 교섭, 즉 춘투(일본에서 매년 봄에 행해진 노동조합의 임금 인상 투쟁—옮긴이)의 방침을 정하고 노동 제조건 개정 교섭에 대처하기 위한 직장 회의를 진행하는 등 간부를 중심으로 한 논의와 대화가 끝없이 이어진다.

회사 업무를 수행하면서 노동조합 회의에도 참여해야 하는 직장위원은 특히 힘들다. 직장위원은 소속 직장의 의견을 수렴하는 중요한 역할을 맡는다.

원래 노동조합은 회사의 위계질서에 얽매이지 않는 민주적인 조직이므로 조합원은 누구에게도 거리낌 없이 자유롭게 발언하고 노동조합은 조합원 한 사람 한 사람의 의견을 소중히 생각한다.

실제로 직장마다 행해지는 노동조합 회의, 즉 '직장회'에서는 하고 싶은 대로 마음껏 발언한다. 평소 상사에게 말하기 힘들었던 요구를 직장회에서 소리 높여 호소하기도 한다.

의견이나 요구가 제각각이라 그야말로 십인십색이다. **직장위원은 이러한 직장회의의 논의 내용을 정리하는 역할**을 맡는다.

다양한 의견이라고 해도 각자의 가치관, 생활관, 직무관을 솔직히 말하는 것일 뿐 까다롭고 힘든 논의가 아니다. 밤샘 논의를 하는 일도 없다.

직장위원은 사전에 노동조합이 배포한 자료를 꼼꼼히 읽어보고 자기 나름대로 명확히 생각을 정리해놓아야 한다. 하지만 참여하는 직원은 직장회에서 요점을 파악하고 떠오르는 생각을 자유롭게 말하면 된다.

직장위원은 논의 내용에 대한 직장 내 합의 사항을 최종적으로 정리해 노동조합에 보고한다. 노동조합은 모든 직장에서 이러한 합의를 보고받아 '전 조합원의 합의'로 만들어 교섭의 토대를 만든다.

직장위원은 토대를 만드는 일에 주체적으로 관여한다. 이러한 과정을 겪으면서 노사의 역사를 배우고 관계를 맺어간다. 이는 도요타에서 일하는 의미를 되새기는 계기가 된다.

다시 말해 **도요타웨이를 더욱 깊이 이해하고 몸에 스며들게 하는 과정**이다.

대화는 10명 단위가 가장 효과적이다

모든 직원이 직장위원을 경험하면 도요타웨이가 더욱 견고히 자리 잡겠지만 이는 현실적으로 불가능하다.

내 경험상 **회의나 대화는 참여자가 10명 전후일 때 가장 효과적**이다. 전원이 결론을 이해하고 회의나 대화가 결실을 보기 위해서도 **10명 전후를 기본 단위**로 하면 좋다.

회의 진행자에게도 어느 정도 노하우가 필요한데 진행 방법을 배우고 실제로 훈련하기에도 10명 정도가 적당하다. 10명 정도면 **한 사람 한 사람의 얼굴을 보며 표정에 떠오르는 본심을 짐작**

할 수 있고 좁은 공간에서 진행이 가능하므로 서로의 **목소리도 잘 들린다.**

도요타 노동조합은 10명 단위의 회의나 대화에 이러한 효과가 있다는 사실을 실제로 증명해왔다.

도요타 노동조합의 가장 말단 조직인 직장을 다시 담당에 따라 각각의 집단으로 나누면 대략 10명 전후가 하나의 단위를 이룬다. 직장위원은 이 최소 단위 안에서 일하는 직원들의 의견을 듣고 노동조합의 방향성을 전 구성원에게 이해시킨다.

내가 집행위원을 했을 무렵은 조합원이 5만 5,000명(관리직 등을 포함한 전 직원은 6만 7,000명) 정도였으므로 직장위원은 5,500명이었다. 2018년에는 조합원이 7만 명(전 직원은 8만 명) 정도로 늘어나 직장위원은 7,000명이 되었다.

직장위원의 임기는 1년이나 2년인데 직제상 관리직이 되기까지 평균 15년이 걸린다고 하면 반장급 관리자에 해당하는 직장위원을 경험하는 비율은 세 명에 한 명꼴이다.

내가 노동조합 전임자가 되었을 때 한 선배는 **"노동조합은 회사의 교육 기관이다"**라고 말했다. 실제로 도요타 직원으로 성장하고 오랜 기간 활약하는 데에 직장에서의 수많은 논의가 매우 도움이 되었다고 절실히 느낀다.

대화는 10명 정도가 적당하다

이런 장점이 있다!

❶ 한 사람 한 사람의 표정이 보이므로 본심을 파악할 수 있다.

❷ 좁은 공간으로도 충분해 서로의 발언을 알아듣기 쉽다.

❸ 구성원 수가 적어서 소집하기 편리하다.

모두가 본심을 이야기한다

직장회에서는 언제든 누구나 마음을 터놓고 대화한다. 상사의 눈치를 보며 열심히 그럴듯한 의견을 짜내지도 않고 임원진이 주재하는 전체 회의에서처럼 '나는 모르겠소' 하는 무책임한 태도를 보이지도 않는다.

노동조합의 활동에는 노동 조건을 개선하여 조합원의 생활 수준을 향상한다는 단순하고 명확한 방향성이 있다.

조합원 한 사람 한 사람에게도 이러한 방향성은 공통되며 복잡하게 생각할 일은 아무것도 없다. 즉 노동조합의 활동은 모두 '자신을 위한' 활동이다.

또한 10명 정도의 적당한 인원수로 아무런 방해 없이 대화하는 자리는 **대면 의사소통 능력을 기를 절호의 기회**다. 10명 정도의 대화 단위를 고집해온 이유에는 이러한 의미도 포함된다.

참고로 산업별 노동조합(산업별로 묶인 노동조합 연합체. 자동차 제조사 노동조합은 전일본자동차산업노동조합총연합회)의 교류 등을 통해 들어보니 타사 노동조합의 최소 단위는 40~50명, 작은 곳은 30명 정도였다.

이 정도의 인원수는 서로 얼굴이 보이지 않거나 목소리가 잘 들리지 않아 한 사람 한 사람의 존재감이 희미해진다.

또한 대화 공간을 확보하고 연락과 전달을 해야 하는 직장위원의 수고도 무시 못한다.

하지만 직장마다 10명 정도를 최소 단위로 할 경우 점심시간에 잠깐 말을 걸어 후다닥 모였다가 흩어질 수 있다. 요컨대 연락을 돌려가며 유난스럽게 모이지 않아도 **짧은 시간 안에 가볍게 모여 대화하기가 쉽다.**

직장회에서는 매사를 다수결로 쉽게 결정하지 않는다. 시간이 걸려도 반드시 **모두가 이해하는 결론을 내린다.**

물론 몇 번을 모여 몇 시간을 대화해도 전원이 이해하지 못할 때도 있다. 그럴 때는 집행위원에게 도움을 요청한다. 직장회를 진행하는 도중이라도 집행위원에게 "지금 도와주실 수 있을까요?" 하고 전화하면 기꺼이 와준다. 폐가 되지 않을까 걱정할 필요는 없다. 집행위원도 부담 없이 와주기 때문이다.

도요타 노동조합의 대화는 전체적으로 가볍고 편안하다. 딱딱하고 어려운 분위기가 되면 본심이 아니라 의무감으로 참여하는 사람이 늘어난다.

모두가 힘을 모아 생활을 향상하는 것이 목표이므로 각자 **자기 생각을 솔직하게 말하는 자리가 되어야 한다.**

다수결로 결정하지 않는 이유

민주주의적 조직에서는 일반적으로 의사 결정을 할 때 다수결의 원칙을 따른다. 하지만 도요타 노동조합은 민주주의가 곧 다수결이라는 생각에 동의하지 않는다.

소수 의견에 대한 존중이 민주주의의 기본이자 가장 중요한 자세라고 생각하기 때문이다.

민주주의와 반대인 것이 전체주의와 봉건제다. 전체주의나 봉건제 사회에서는 개개인이 자신의 의견을 존중받지 못하며 애초에 권력자가 그런 것에 관심이 없다. 권력자와 그를 둘러싼 집단의 의사로 모든 것을 결정한다.

이렇게 말하면 국가의 통치 체제가 떠오르겠지만 민주주의 사회에서 활동하는 수많은 조직 중에도 권력자 한 사람의 의사만으로 운영되는 곳이 얼마든지 있다.

특히 상장 회사는 민주적으로 운영되는 곳이 많아 보이지만 한 사람이 대표를 오래하다 보면 권력이 집중되어 전체주의나 봉건제 사회 같은 모습으로 바뀌기 쉽다. 그중에는 직원 개인의 의사 따위는 손톱만큼도 고려하지 않는 대표자도 있다.

한편 노동조합은 조합원 한 사람 한 사람의 생활 향상을 목적으로 삼는 조직이므로 개인의 의견을 중요하게 생각하는 것이 지극히 당연하다.

개인의 의견을 중요시한다는 말은 **소수 의견을 존중하고 그에 대해 진지하게 대응한다**는 의미다.

어떻게 진지하게 대응한다는 말일까.

구체적으로는 **의견의 핵심을 파고들어 대화한다.** 그야말로 '**다섯 번의 왜' 원칙에 따라 깊이 파고들어 간다.** 이를 바탕으로 서로 이해하고 합의한다. 이것이 바로 민주주의의 기본적 운영 방식이라고 생각한다.

다수결은 이 중요한 과정을 중도에 그만두고 다수 의견을 소수에게 억지로 강요한다.

다만 노동조합의 운영에도 시간이 무한정 주어지지 않는다. 노동조합 전임자가 아닌 사람은 각자 일터에서 맡은 업무를 해야 하므로 제한된 시간 안에 신속히 결정해야 할 때도 있다.

이럴 때는 소수 의견을 일부 받아들인 다음 다수 의견을 중심으로 결정할 수밖에 없다. 이때 '**소수 의견을 소중히 했다**'는 증거가 중요하다.

도요타 노동조합의 민주적 의사 결정 방식

앞서 말한 내용은 일반적인 노동조합의 이야기지만 도요타에서도 의사 결정을 할 때 이러한 이치를 기본적으로 따른다.

도요타 노동조합은 가능한 한 민주주의의 의의를 충실히 따르며 활동하고자 노력해왔고 앞으로도 이러한 기본자세를 확고히 지켜나갈 것이다.

여기에서는 구체적으로 어떻게 의사 결정을 하는지, 도요타 노동조합이 이제까지 실천해온 의사 결정 방식을 알아보자.

구체적 활동 방침을 결정하는 회의는 크게 두 가지로 나뉜다.

하나는 앞에서 소개한 **직장회**다. 직장회는 조합원 7만 명의 의사를 반영하는 대화의 장으로 여기에서 대화는 **10명 단위**로 이루어진다.

다른 하나는 집행부의 최고의결기관인 **집행위원회**다. 집행위원 **60명**은 집행위원회에서 노동조합의 활동에 관한 최종 의사 결정을 내린다.

직장회와 집행위원회에서는 다수결을 채용하지 않는다. 다수 의견에 대해 반대 의견을 강하게 주장하는 사람이 있으면 서로 **이해할 때까지 대화한다.** 이것은 앞에서 말한 그대로다.

직장회를 개최하고 진행하는 사람은 한 명의 직장위원이다. 그런데 최고의결기관인 집행위원회는 다른 노동조합과 조금 다르다. 의장 역할을 수행하는 사람이 위원장이나 서기장이 아니라 기획홍보국장이다.

일반적으로 미국과 유럽의 노동조합에서는 서기장이, 일본의 다른 노동조합에서는 위원장이 의장 역할을 수행하는 경우가 많다. 집행위원회에서는 논의하거나 결정해야 할 크고 작은 일들이 많으므로 의장의 역할이 매우 중요하다.

그러한 중요한 역할을 도요타 노동조합에서는 전통적으로 기획홍보국장이 담당한다.

기획홍보국은 운동 방침을 비롯한 다양한 방침의 원안을 작성하고 회사 측과 의견을 절충하는 창구 역할을 하며, 집행부의 전체적 운영과 대회·평의회의 운영, 상부 단체와의 교섭, 규약·규정의 관리, 홍보물의 기획·편집·발행 등 폭넓은 활동을 수행한다.

기획홍보국장이 집행위원회 의장을 맡는 이유가 집행부의 운영에 속하기 때문이라고 쉽게 생각할 수 있지만 실제로 기획홍보국장은 집행부 운영이라는 좁은 영역이 아니라 노동조합에서 가장 중요한 논의의 자리를 담당한다고 할 수 있다.

의장이므로 당연히 권한도 있다. 의사 진행에 관해서는 노동조

직원 7만 명의 의견을 정리하는 방법

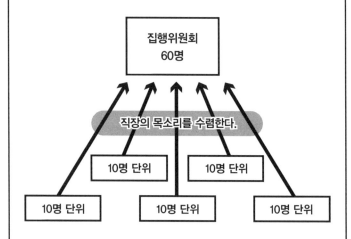

집행위원회
60명

직장의 목소리를 수렴한다.

10명 단위

10명 단위

10명 단위

10명 단위

10명 단위

기본

- 다수결로 쉽게 결정하지 않는다.
- 반대하는 사람이 있으면 이해할 때까지 대화한다.
- 상명하복의 독단적인 방식을 배제하기 위해서 최고의결
  기관(집행위원회)의 의장은 수뇌부의 세 간부가 아니라,
  기획홍보국장이 맡는다.

합 수뇌부의 세 간부인 위원장, 부위원장, 서기장도 절대로 간섭할 수 없다.

의장이 이들도 간섭하지 못할 만큼 강력한 권한을 갖는 이유는 **상명하복식 의사 결정을 피하기 위해서다.** 즉 민주적 운영 원칙을 철저히 지키기 위해 이어져 내려온 전통이다.

수뇌부도 간섭할 수 없는 권한을 주는 이유

사실 나도 2년 정도 기획홍보국장을 경험하면서 노동조합 수뇌부의 세 간부가 가장 중요한 의사 진행 임무를 국장에게 맡긴 이유를 직접 피부로 느낄 수 있었다.

민주적으로 운영한다고 해도 일단 사람은 권한을 가지면 아무래도 그 권한에 따라 일을 진행하고 싶은 마음이 생긴다. 그러는 편이 쉽고 빠르기 때문이다

그것을 '어쩔 수 없지' 하고 방치하면 점점 더 한 사람에게 권한이 집중되어 민주적 운영에서 멀어지고 만다.

논의 진행 중에 갑자기 수뇌부 한 명이 의장을 무시한 채 큰 목소리로 "좋아, 이렇게 결정하지" 하고 나서는 일이 실제로 있었고 앞으로도 있으리라 생각한다.

기획홍보국장이 되는 사람은 누구든 이를 충분히 인식하고 강압적 목소리에 휩쓸리지 않을 각오가 되어 있어야 한다. 적어도 나는 기획홍보국장에 임명되었을 때 그러한 각오를 굳게 다졌고 그만큼 내가 중요한 역할을 맡고 있다는 사실을 충분히 인식한 후 임무를 수행했다.

물론 내가 아는 한 도요타 노동조합의 수뇌부에 정말로 강권을 발휘하여 독단적으로 의사 결정을 하려고 했던 사람은 없었다.

수뇌부 한 명이 "이렇게 결정하지" 하고 말했어도 의장이 전체를 둘러보고 반대하는 사람이 있다고 판단하면 **"아니, 아직은 아닙니다" 하는 한마디로 회의를 계속 진행했다.**

수뇌부 중 의장의 이러한 지시에 불만을 표시하는 사람은 없었다. 역대 노동조합 수뇌부는 모두 의장의 입장을 이해하고 존중했다.

결정될 것처럼 보이는 결론을 집행위원 60명 전원이 이해하는지 어떤지는 의장을 하다 보면 자연스럽게 알게 된다. **60명까지는 한 사람 한 사람의 표정을 그런대로 읽을 수 있다.**

의장은 이해하지 못하는 것처럼 보이는 사람을 지목해 "○○씨 어떻게 생각하십니까?" 하고 확인한다. 대부분 "그 결론에 찬성하기 힘듭니다" 하고 대답하는데, 의장은 "반대하는 이유를 모두가 이해하도록 구체적으로 설명해주십시오" 하고 촉구한다.

지목받은 사람이 의견을 말하면 "사실은 저도 그렇게 생각했습니다" 하고 동의하는 사람이 나온다. 의장은 이런 상황을 예상하고 "그러면 논의를 계속합시다" 하고 단호히 선언한 뒤 계속해서 논의를 진행한다.

그러는 동안 좀 전에 간부가 "이렇게 결정하지" 하고 했던 말은 그다지 신경 쓰지 않는다. 의장의 머릿속에는 어쨌든 **전원을 이해시켜야 한다**는 생각만 있고 **예정된 시간을 한두 시간 넘겨도 논의를 계속한다.**

최종적으로 전원이 이해했다는 증거로 모두 '이의 없음'이나 '찬성'한다는 사실을 확인하고 회의를 마친다.

직위와 관계없이 언제나 열린 마음으로

집행위원 전원 이해가 왜 그렇게 중요할까? 각 직장에 들어가 설명하는 집행위원이 결정된 사항을 진심으로 이해하고 있지 않다면 직장의 모든 조합원이 이해하도록 설명할 수 없기 때문이다.

직장에는 노동조합의 활동에 관해 독자적인 의견을 가진 논객도 있고 큰 목소리로 위압적인 발언을 하는 직원도 있다. 이런 사람들을 설득할 때 **본인이 어중간하게 이해하고 있으면 제대로 설명하기 힘들다.**

집행위원이 제대로 설명하지 못하면 노동조합의 방침과 사고방식이 전 조합원에게 닿지 못해 노동조합 활동에 빈틈이 생기고 활동 전반에 지장을 초래한다.

또한 집행위원 본인도 제대로 설명하지 못한 사실에 대해 노동조합 간부로서뿐 아니라 도요타 직원으로서도 마음이 편치 않다. 이는 **도요타웨이를 몸에 익힌 도요타 직원으로서 제 역할을 다할 만큼 성장하지 못했다는 의미이기도 하다.**

도요타 노동조합이 상명하복의 독단을 피하고 전원 이해를 중시하게 된 배경에는 도요타 노동조합에서 면면히 내려온 이러한 사고방식이 있다.

여기서 벗어나지 않기 위해 중요한 회의에서는 수뇌부의 세 간부도 자리에서 내려와 다른 참가자와 완전히 같은 위치에서 대화한다. 의장만 권한을 갖고 그 밖의 **다른 모든 참가자는 대등한 입장에서 자유롭게 발언한다.**

이에 불만을 가지는 수뇌부는 없다. 회의 자리에서 자신의 지위를 과시하는 사람은 애당초 수뇌부가 될 인물이 못 된다.

도요타 노동조합의 역대 위원장 등 수뇌부는 회의에서뿐 아니라 평소에도 노동조합 간부나 조합원과 수평적 관계를 유지한다. 나는 거들먹거리며 으스대는 수뇌부를 한 번도 본 적이 없다.

노동조합 위원장의 회사 측 상대는 사장이다. 노동조합에서 가장 지위가 높다 보니 위원장과 조합원이 대등하게 대화하기가 힘든 경우가 많다.

하지만 도요타 노동조합의 역대 위원장은 늘 열린 마음으로 모든 조합원을 대하는 사람들이었다. 내 경험으로는 평소 'ㅇㅇ위원장'이라는 딱딱한 호칭 대신 별명을 사용하기도 했다.

물론 노동조합에도 위계질서는 있으나 회사의 직제처럼 엄격한 상하 관계가 아니다. 적어도 도요타 노동조합은 **매우 수평적인 조직**이라고 단언한다.

진정으로 이해하지 못한 사람은 스스로 움직이지 않는다

수평적 관계에서 수평적 논의를 하다 보면 아주 자연스럽게 자립심이 길러지고 어떤 상황에서든 자신의 의견을 확실히 말하는 사람이 된다.

도요타웨이를 몸에 익힌 도요타 직원은 이런 사람이라고 확신한다.

노동조합 전임자가 된 나에게 한 선배가 "노동조합은 회사의 교육 기관이다" 하고 말했다. 돌이켜보면 직장회와 집행위원회로 대표되는 노동조합의 다양한 논의 자리는 확실히 도요타 직원으로 성장하는 교육의 장이었음을 확실히 느낀다.

요즘 회사 중에 전 직원의 이해를 목표로 철저히 논의하는 곳이 얼마나 될까?

바쁜 회사원은 서둘러 결론을 내리고 싶어 하고 철저한 논의는 대부분 어렵다.

논의는커녕 이메일에 의존하다 보니 대면 회의의 기회조차 없는 회사가 적지 않다.

이런 환경에서 일하는 직원은 지시만 기다리는 사람이 되기 쉽다. 상사도 부하가 제대로 이해하든 말든 신경 쓰지 않고 지시와 명령만으로 일을 할당한다. 서로 그러는 편이 편하다고 생각할지 모른다.

이는 매우 위험하다.

회사 조직이 지시를 기다리는 인간으로만 구성되어 있으면 실적 향상은 기대하기 힘들다. 아니, 현상 유지도 힘들다.

도요타가 이런 조직이었다면 절대로 지금처럼 성장하지 못했을 것이다. 그런 의미에서 회사의 교육 기관으로서 역할을 완수해온 도요타 노동조합의 존재 의의는 매우 크다.

물론 노동조합이 없다고 해서 자립성과 의사소통 능력이 길러지지 않거나 상사의 지시를 부정적으로 받아들이는 것은 아니다.

다만 나는 이렇게 조언하고 싶다.

부하는 상사의 지시를 무조건 받아들이지 말고 **조금이라도 의문이 들면 주저하지 말고 당당히 질문해야 한다.**

상사는 **부하의 질문이나 확인을 귀찮아 하지 말고 진지하게 대응해주어야 한다.**

"지금은 좀 바빠서." "그 정도는 스스로 생각해." 이런 식으로 매번 소통을 거부하는 분위기라면 회사가 강해지고 실적이 향상되기를 기대하기는 힘들다.

도요타가 세계 최고의 자동차 제조사가 되어 매년 조 단위의 영업이익을 달성하는 배경에는 **상사와 부하가 거리낌 없이 논의하는 자유로운 의사소통의 풍토가 분명히 자리하고 있다.**

이러한 상사와 부하의 관계를 만들고 개개인의 능력을 발전시키는 데 있어 도요타에서는 노동조합의 활동이 중요한 역할을 해왔다.

자발적인 직원을 길러내려면······

조회

일방적인 회의

이메일 지시

의견 · 질문

대응 · 대답

상사

부하

상사와 부하가 스스럼없이 대화하는 관계

노동조합이 없는 회사에 다니는 독자 여러분께

이 책을 읽는 독자 중에는 노동조합이 있는 회사에서 일하는 사람도 있고 노동조합이 없는 회사에서 일하는 사람도 있을 것이다. 후자라면 여기까지 읽어준 데 대해 감사의 말씀을 드린다.

그리고 한마디만 덧붙이고자 한다.

회사에 노동조합이 없어도 직원들끼리 본심으로 대화하거나 상사 없이 구성원만 참여하는 부서 회의를 열 기회가 있을지 모른다. 때로는 술자리에서 동료와 이야기할 기회도 있을 것이다. 상사가 참여하지 않는 프로젝트팀을 구성해 다 함께 마음을 모아 새로운 일에 도전할 수도 있다.

이런 때 나누는 진솔한 대화는 도요타 노동조합에서 행하는 의사소통과 크게 다르지 않다.

다만 그 자리가 어느새 회사와 상사에 대한 불만을 토로하는 분위기가 된다면, 도요타 노동조합에서 행하는 대화와 전혀 다른 성격이 되고 만다.

도요타 노동조합은 회사와 대립 관계가 되기를 바라지 않는다. 노사 상호 신뢰를 바탕으로 회사와 전 조합원(직원)이 끊임없이 발전해나갈 것을 목표로 정하고 활동하고 있다.

이는 **노동조합이 있든 없든 회사와 직원이 공유할 수 있는 본**

질적 목표다. 사내에서 갖는 다양한 대화의 기회가 **직원 한 사람**
한 사람을 존중하면서 언제나 긍정적이고 적극적인 분위기에서
이루어진다면, 이는 도요타에서 행하는 대화와 정확히 일치한다.

그렇게 이해하고 끝까지 읽어주기를 바란다.

제2장 POINT

- 의사소통이 새로운 가이젠을 불러온다.
- 상호 이해와 상호 신뢰가 있어야 꾸준히 노력할 수 있다.
- 대등한 관계는 먼저 구체적 형태에서 만들어진다.
- 대화는 10명 단위가 가장 효과적이다.
- 다수결로 쉽게 결정하지 않는다.
- 시간이 걸려도 전원이 이해할 때까지 논의한다.
- 수평적 관계에서 수평적 논의를 하면 자립적인 직원이 된다.

우수한 도요타 직원을 길러내는 인재 양성의 비결

Toyota

자신의 한계를 정하지 않는 도요타 직원

일에는 곤란한 상황이 따르기 마련이다. 전혀 어려움이 없고 누구나 할 수 있고 아무런 시련도 없는 일에서 보람을 찾기는 힘들다. 무슨 일을 하든 문제는 반드시 생긴다. 때로는 예상치 못한 벽에 부딪쳐 오도 가도 못 하는 상황에 처하기도 한다.

이럴 때 가이젠 철학이 몸에 배어 '마른 수건을 짜내는' 도요타 직원은 어떤 상황을 만나도 놀라지 않고 담담히 문제를 해결해나간다. 일의 진행을 방해하는 큰 난관에 맞닥뜨려도 주눅 들지 않는다.

그렇다 해도 특별한 문제를 느끼지 않는 당연하고도 일상적인 상황에서 잠재된 문제를 찾아 본질적 가이젠에 도전하는 일이 많다 보니 실제로는 힘들 수밖에 없다.

힘이 들어도 가이젠 철학이 몸에 밴 도요타 직원은 끄떡없다. 강인한 정신력으로 '왜?'를 반복하며 진짜 원인을 파악해 벽을 뛰어넘고 만다.

이렇게 말하니 지나치게 치켜세웠나 싶기도 하지만 도요타 직원은 이렇게 말해도 좋을 만큼 어려운 문제와 벽에 직면해도 태연히 맞서나간다.

물론 모두가 그렇지는 않다. 당연히 벽에 가로막혀 좌절하는 직원이 있고 문제를 발견하는 데 처음부터 소극적인 직원도 있다.

그렇다면 곤란에 직면해 좌절하는 직원과 문제를 극복하기 위해 끝까지 도전하는 직원의 차이점은 무엇일까?

입사한 시점에서는 별다른 차이가 없었을 것이다. 애초에 채용할 때 선별한 사람들인 만큼 처음에는 틀림없이 모두가 도전 정신을 가진 젊은이였으리라 생각한다.

신입 사원 연수 기회는 기본적으로 모두에게 똑같이 주어진다. 배속되는 부서가 달라도 큰 차이가 없다. 하지만 실제로 특정 부서에 배속돼 일을 시작하면 다양한 부분에서 차이가 생긴다. **가장 큰 차이는 일을 대하는 마음가짐**이다.

조금만 까다롭거나 감당하기 힘든 문제를 맞닥뜨리면 "이건 내가 해결할 수 없어" 하며 빨리 포기하고 선배나 상사에게 도움을 청하는 사람이 있다. 반면에 **남에게 의지하지 않고 일단 스스로 해결해보고자 끈기 있게 맞서는 사람**도 있다.

전자는 시작부터 자신의 한계를 정하는 사람이다. 그리고 후자는 자신의 한계를 쉽사리 정하지 않고 끈질기게 도전을 이어가는 사람이다.

자신의 한계를 정하지 않는 사람은 자신의 가능성을 믿고 **노력하면 할 수 있다는 사고가 확실히 몸에 배어 있다.** 이런 사람은 "이 정도면 됐어" 하고 쉽게 타협하지 않는다. 자신의 능력이 일정 수준에 도달하면 다시 더 높은 수준을 향해 목표를 설정하고 나아간다.

즉 **끊임없이 자기 계발**을 한다.

회사와 노동조합을 무대로 도요타 직원은 성장한다

도요타 생산방식 아래에서 성장한 사람은 말할 것도 없이 자신의 한계를 정하지 않고 끊임없이 도전하는 유형의 직원이 된다.

'내 능력으로 더는 무리야' 하는 발상이 없으므로 항상 앞을 향해 나아가고 활동 범위를 넓히며 자신의 가능성을 개척한다. 의욕이 떨어지는 일도 없다.

이처럼 자기 계발 욕구가 강한 사람은 무엇이든 자신의 머리로 생각하고 직접 시도해봐야 직성이 풀린다.

예를 들어 전임자가 일하던 방식을 막연히 따르지 않고 어디까지나 **스스로 납득할 수 있는 방식을 찾아 일한다.**

한 가지 방식으로 잘 안 되면 방식을 바꿔 납득할 때까지 실패와 도전을 반복하며 최적의 방법을 고안해낸다.

이것이 바로 **가이젠의 과정이며 도요타웨이의 본질이다.** 이러한 가이젠의 과정과 도요타웨이를 자신의 철학으로 몸에 배어들게 해 일상적으로 실천하는 사람이야말로 견실한 도요타 직원이라 할 수 있다.

반대로 아무런 문제의식 없이 현재 상황을 그대로 받아들이며 막연히 하루하루를 보내는 사람은 도요타 직원으로서 오래 활약하기가 힘들다.

도요타자동차의 제8대 사장이자 2002년에서 2006년까지 일본 경제단체연합회의 회장을 지낸 오쿠다 히로시는 직원들에게 "바꾸지 않는 것이 가장 나쁘다"라고 입버릇처럼 말해왔다. 자신도 대표로서 다양한 개혁을 실행했다.

그렇다면 의무처럼 매일 변화를 요구받는 도요타 직원은 어떤

두 개의 무대에서 단련하다

무대 1 　회사

- 가이젠 철학
- '다섯 번의 왜?' 원칙
- 창의연구 제안제도 등

무대 2 　노동조합

- 10명 단위의 대화
- 전원 이해의 원칙
- 수평적 관계에서 수평적 논의 등

강한 도요타 직원으로 성장한다!

과정을 거쳐 제 몫을 해내는 직원으로 성장할까?

도요타 직원은 두 개의 무대를 기반으로 성장한다.

첫 번째 무대는 당연히 **회사**다. 자신이 매일매일 일하는 장소다.

두 번째 무대는 **노동조합**이다. 노동조합 활동이 우수한 도요타 직원을 양성하는 데 한몫을 하고 있다. 이것이 타사와 가장 큰 차이점이다.

이 두 개의 무대에서 단련한 견실한 도요타 직원은 제조 현장과 자동차 시장은 물론 세계 각지의 거점에서 활약한다.

그러면 각 무대에서 구체적으로 어떤 과정을 거쳐 단련하는지 간단히 알아보자.

자사만의 인재 양성 프로그램을 고집하다

먼저 회사의 인재 양성에 관해 살펴보자.

각자 배속된 부서에서 선배 직원에게 배우는 이른바 OJT(on the job training, 직무 수행과 병행하는 교육 훈련)는 타사와 큰 차이가 없다.

내가 도요타 특유의 방식이라고 느낀 교육은 중요한 시기마다 **10~15명 단위로 실시하는 집합 연수**였다. 이 연수에서는 몇 년

위의 선배 직원이 강사가 된다.

참고로 10~15명 단위는 앞에서도 말했듯이 회의나 대화 진행에 가장 효과적인 규모이고, 연수에도 가장 적합한 인원수다.

도요타에서는 신입 사원 대상의 집합 교육을 포함해 전 직원의 교육에 있어 **자사 직원은 자사에서 교육한다**는 원칙을 고집하고 있다.

외부 강사를 불러 강의하거나 민간 교육 기관에서 주최하는 연수에 직원을 파견하는 등의 교육 방식은 일부 전문 연수를 제외하고는 실시하지 않는다. 기본적으로 모두 자사 프로그램으로 진행한다.

자사 프로그램 중 내가 가장 인상 깊었던 교육은 입사 직후 행한 2개월간의 현장 실습이었다.

"도요타에 들어왔으니 일단 무엇보다 도요타 생산방식을 피부로 느껴야 한다" 하는 이유로 뜬금없이 자동차 제조 라인에 툭 내던져진 모양새였다. 하지만 실제로 배울 점이 매우 많았다.

입사 직후 경험한 현장 실습에 대해서는 나뿐 아니라 은퇴한 대선배들을 포함해 많은 도요타 직원들이 공통된 인상을 받았으리라 생각한다.

특히 관리 부문에 배속된 나에게 도요타 생산방식을 잠깐이나마 접해본 경험은 그 의미가 아주 컸다. 제조 현장뿐 아니라 판매 현장도 경험했는데 이 역시 자동차 시장의 현황을 직접 느끼고 실제로 도요타의 자동차를 타는 고객의 마음을 이해할 수 있는 경험이 되어 배울 점이 많았다.

선배 직원의 지도에 놀라다

선배 직원에 의한 최초의 집합 연수는 입사 5~6년차의 젊은 직원을 대상으로 한다.

이때 연수에서 가장 많은 시간을 할애하는 내용이 **도요타 생산 방식으로 어느 부서에서나 필수로 요구되는 문제 해결 방식**이다. 특히 '다섯 번의 왜' 원칙은 이 시기에 집중적으로 배운다.

예를 들어 선배가 "자기 일이나 주변 환경에서 가이젠이 필요한 대상을 지금 한번 찾아볼까요?" 하고 요구해 구체적인 가이젠 대상을 한 가지 이야기하면 선배는 "그건 왜지?" 하고 캐묻는다.

어중간한 대답을 하면 "그건 진짜 원인이 아닙니다" 하고 지적하며 "진짜 원인에 더 가까운 원인을 파고들어 봅시다" 하고 과제를 내준다.

법무팀에 배속되어 있던 내 경우는 다음과 같았다.

나: 소송 준비 단계에서 변호사에게 내용을 제대로 설명하지

못했습니다.

선배: **왜** 제대로 설명하지 못했다고 생각합니까?

나: 사전에 공부가 부족했던 것 같습니다.

선배: **왜** 공부가 부족했나요?

나: 그 주에 일이 집중되어 공부할 시간을 내지 못했습니다.

선배: 변호사와의 면담 날짜는 적어도 한 달 전부터 정해져 있었을 것입니다. 일찌감치 자신의 업무 일정을 조정해 변호사에게 설명하기 위한 공부 시간을 확보했어야 했는데 그러지 못한 게 원인이 아니었을까요?

나: 네, 그렇게 생각합니다. 죄송합니다.

선배: 자, 그렇다면 **왜** 미리 업무 일정을 조정하지 못했을까요…….

그야말로 '**왜?**'**의 연발**이었다.

당시 아직 신입의 티를 벗지 못한 나는 그 선배를 보며 '어떻게 이 선배는 내 업무의 세부적인 부분까지 다 파악하고 있을까? 도요타 직원은 정말 대단하군' 하고 놀랐다.

참고로 당시 지도를 담당한 선배는 법무팀 소속이 아니라 구매부 계장이었다. 타부서에 있으면서도 우리 부서의 일을 잘 알고 있어 더 놀라기도 했다.

가르치는 직원도 제대로 공부하고 있다

도요타 직원에 대해 정말 대단하다고 감탄한 건 비단 그때만이 아니다. 노동조합 전임자가 된 후 각 직장의 직원들과 만나 대화하면서 점점 더 도요타 직원의 우수성을 실감하게 되었다.

당연한 말이지만 도요타 직원들이 처음부터 그러한 우수성을 몸에 익히고 있는 것은 아니다. 선배 직원의 가르침과 앞으로 설명할 노동조합의 활동을 통해 단련되었음을 절실히 느낀다.

타사에서도 선배 직원이 후배 직원을 가르치는 일은 일반적이지만 어떻게 가르치느냐가 젊은 사원의 성장에 결정적 영향을 준다. 따라서 가르치는 선배 직원도 많은 공부가 필요하다.

그런 면에서 **후배 직원을 가르치는 도요타 직원은 제대로 공부하고 있다.** 절대로 자신의 경험에만 의존해 가르치지 않는다.

사실 세간을 둘러보면 선배가 후배에게 자신의 과거 경험만 억지로 밀어붙이는 교육 방식이 아직도 흔하다.

요 몇 년간은 스포츠계의 훈련 방식도 크게 바뀌어 위에서 강압적으로 지도하는 경향이 비판받고 있다. 때로는 그렇게 지도하는 코치나 감독이 가혹 행위로 고소를 당하기도 한다. 또한 강압적 방식은 훈련의 효과 면에서도 후진적이라고 평가받고 있다.

직장에서 행하는 OJT도 마찬가지다. 선배나 상사의 시선에서 후배를 내려다보며 **자신의 경험에만 의존해 교육하는 방식은 이제 젊은 사람에게 통하지 않는다.** 도요타에서 후배 직원을 가르치는 선배 직원은 그러한 시대의 흐름을 충분히 인지하고 있다.

인재 양성에 열정적인 도요타의 풍토

도요타 사내에서는 '인재 양성'이라는 말을 자주 사용한다. 그만큼 도요타에는 전통적으로 인재 양성에 열정적이고 후배 지도에도 적극적인 풍토가 조성되어 있다. 이는 도요타라는 회사가 지닌 하나의 문화라고 해도 좋다.

회사뿐 아니라 노동조합도 같은 풍토와 문화에서 인재 양성을 실천하고 있다.

노동조합의 인재 양성에 관해서는 뒤에 자세히 설명하겠지만 나는 노동조합 전임자가 된 후로 젊은 직원들을 견실한 도요타 직원으로 길러내겠다는 의식을 가지고 현장의 젊은 직원들과 적극적으로 대화하려고 노력했다.

도요타에서 행하는 인재 양성 문화의 특징은 앞에서 말한 문제 해결 방식 등 가이젠의 사고방식과 그 구체적 실천 방법에 대한 가르침만이 아니다. 한 가지 덧붙이면, **잘못에 대한 선배와 상사의 대응**이 있다.

제1장에서 소개한 생산 라인의 정지 사례가 전형적인 예다. 자기 때문에 라인이 멈추었으므로 분명히 큰 잘못이지만 반장이 라인을 멈춘 당사자를 질책하지 않는다는 사실은 제1장에서 설명한 그대로다.

실제로 어떤 현장에서도 생산 라인을 멈추었다고 실수한 직원을 혼내지 않는다. 나도 경험하지 못했고 그런 이야기를 들어본 적도 없다.

후배나 부하가 실수했을 때 선배와 상사가 공통으로 행하는 지도의 기본은 '함께 생각해보는' 자세다.

스스로 생각하는 자세를 중시하므로 당연히 **본인이 편안하게 생각할 환경을 조성해주거나** 생각해야 할 내용에 대한 **힌트를 주거나** 하면서 함께 생각한다.

앞에서 제시한 나와 선배의 대화가 하나의 유형이다. 선배 직원이 핵심을 정확히 짚는 질문이나 조언을 하면서 함께 생각한다. "한번 스스로 생각해보세요" 하고 과제를 내줄 때는 **가르치는 선배 직원도 나름대로 열심히 생각한다.**

이처럼 도요타 사내에서 행하는 인재 양성을 돌이켜보면 실로

가이젠의 순환 고리가 시작된다

'다섯 번의 왜?' 원칙을 지도하기 위해서······

- 상사(선배)도 함께 생각한다.
- 부하(후배)의 고민 해결에 힌트를 준다.
- 문제 해결을 위한 환경을 조성한다.

혼자가 아니므로
곤란한 문제에 대처할 수 있다!

정성을 다해 직원을 교육하고 있다는 사실을 다시 한 번 실감하게 된다.

누구도 불평하지 않는 점심시간의 대화

지금부터는 또 하나의 인재 양성 무대인 노동조합 활동을 살펴보자. 노동조합 활동으로 우수한 직원을 길러내는 방식은 타사에 없는 도요타만의 특징이다.

제2장에서 말했듯이 노동조합 활동으로 젊은 직원을 단련하는 데에는 직장위원을 경험하게 하는 방법이 가장 효과적이다. 하지만 반드시 직장위원을 해야 도요타 직원으로 성장할 수 있는가 하면 물론 그렇지는 않다.

직장위원을 경험할 수 있는 직원은 대략 3명 중 1명 정도이다. 직원 중 3분의 2를 인재 양성 대상에서 제외하고는 세계 최고의 자동차 회사가 될 수 없다.

직장위원은 함께 일하는 10명 정도의 조합원을 모아 직장회를 연다. 여기에서 조합원의 의견을 듣거나 노동조합의 방침 등을 설명하고 전원을 이해시키는 역할을 담당한다. 그런데 **전원을 이**

해시키는 일이 그렇게 간단하지가 않다.

게다가 대화는 근무시간 외 시간에 이루어지므로 당연히 무급이다. 따라서 직장위원은 가능한 한 짧은 시간 안에 대화를 끝내려 하지만 때로는 예상외로 길어지기도 한다.

어떤 대화에서든 설명과 질문 등을 생략하기란 힘들며 좀처럼 전원 이해를 얻지 못할 때도 있다. 이렇게 시간이 부족하면 대화 횟수를 늘리는 수밖에 없다. 그렇다 해도 일을 마치고 몇 번씩 모이기는 힘들다. 그래서 최근에는 주로 점심시간에 직장회를 연다. 현재 점심시간은 45분이므로 다 같이 식사하는 시간 15분을 제외하고 나머지 30분간 대화를 진행한다.

'너무 바쁘지 않나?' 하는 생각도 들지만 불만의 목소리는 어디에서도 들리지 않는다. 점심시간에 직장회를 열면 노동조합의 비용으로 도시락이 제공되므로 이득이라고 느끼는 조합원도 있을 것이다.

참고로 1시간이던 점심시간이 45분으로 준 이유는 야근을 폐지하고 주간 연속 2교대제(새벽 근무 없이 자정을 전후해 조업을 종료하도록 주간 근무조만 2교대로 근무하는 제도—옮긴이)라는 새로운 근무 방식을 도입하기 위해 노동 시간을 단축한 일환이다. 당연히 노사 합의에 따라 결정한 사안이므로 누구도 불만을 말하지 않았다.

직장위원은 짧은 시간 동안 직장회를 반복해 열면서 전원의 이해를 구하는 역할을 완수해야 한다.

이렇게 **전원의 이해를 구하는 논의야말로 인재 양성을 위한 소중한 기회다.**

대화 횟수가 거듭되면서 한 사람 한 사람이 평소 별로 경험할 기회가 없는 **듣기와 말하기의 중요성을 이해하게 된다.**

직장위원은 직장회가 결과적으로 인재 양성을 위한 중요한 자리가 된다는 사실을 인식하고 자신의 열정과 열의를 조합원에게 보여주며 최선을 다해 역할을 수행한다.

듣고 말하는 능력으로 자신의 가능성을 활짝 연다

나도 입사 2년차에 직장위원을 경험했다. 그때 나보다 연배가 훨씬 높은 선배 조합원이 이런 말을 했다.

"이제 입사한 지 얼마 안 된 젊은 자네가 직장위원으로 이렇게 열심히 뛰어주니 나도 안 나올 수가 없군."

솔직히 지금도 기억할 정도로 기분 좋은 말이었다. 직장위원을 열심히 하는 사람에게 스스로 자긍심을 느끼게 해준 한마디이기도 했다.

입사 2년차의 풋내기가 다른 직장위원의 모범이 되리라고는 조금도 생각해본 적이 없었다. 그런데 나중에 돌이켜보니 그때의 나는 '내가 열심히 직장위원의 임무를 다하면 다들 적극적으로 출석하고 분위기도 좋아지는구나' 하고 실감하고 있었다.

좋은 분위기는 필연적으로 열띤 대화로 이어져 모두가 본심을 이야기하고 다른 사람의 이야기를 정면에서 있는 그대로 받아들이게 한다. 그리고 그렇게 함으로써 자기 생각을 명확히 정리할 수 있게 된다.

즉 내가 특별히 교육 담당이 되어 인재 양성의 한 부분을 맡지 않아도 **직장회의 분위기와 대화 과정에서 '잘 말하고, 잘 듣고, 잘 생각하는' 직원이 자연히 길러진다.**

대면하여 듣고 말하는 능력은 사람이 성장하는 데 필수 요소다. 듣고 말하는 능력을 경시하면 사람으로서는 물론이고 회사원으로서도 자기 계발의 길이 막히고 도저히 제 몫을 해내기가 힘들다.

그런 의미에서도 **직장회는 사람을 성장하게 하는 데 더할 나위 없이 좋은 교육의 장이다.**

자주 듣는 말이겠지만 이메일이나 SNS(Social Network Services)가 의사소통의 주요 수단이 된 요즘은 대면하여 듣고 말하는 능력이 급속히 쇠퇴하고 있다.

이는 간과할 수 없는 중대한 상황이다. 잃어가는 업무 능력과 경영 능력이 매우 크리라 생각한다.

인터넷에만 의존하는 사람은 상사나 동료와 제대로 대화하기 힘들고 상대의 이야기를 들을 능력도 없다. 미팅이나 회의에서 발언할 줄 모르고 고객을 상담하기도 벅차다. 이래서야 어떻게 일할지 심히 걱정스럽다.

직장위원을 중심으로 한 **직장회의 대면 대화는 의사소통 능력을 기를 절호의 기회**다.

대화 주제는 모두 각자의 일과 생활에 직접 관련되어 있으므로 10명 정도의 구성원이 마주해 마음을 터놓고 이야기한다. 그리고 들을 때는 정면에서 있는 그대로 받아들인다.

겉으로만 그럴듯한 논리나 구실을 내세우지 않고 **본심에서 우러나온 생각을 주고받는 대화는 하면 할수록 인간으로서 살아가는 데 필요한 지적 능력 및 사회적 역량 등을 종합적으로 길러준다.** 경험하면 할수록 업무에서는 물론 인생에서도 틀림없이 성장해간다.

듣고 말하는 능력이 사람을 성장시킨다

신뢰감이 쌓인다.

상대의 본심을 파악한다.

전원이 이해할 때까지 대화

진심으로 대화한다.

상대가 이해하도록 전달한다.

- 상사·부하와의 의사소통 능력
- 고객과 대화하는 능력
- 프레젠테이션 능력
- 모임이나 회의에서 발표하는 능력

등이 향상된다!

편하게 대화하려는 노력이 중요

그 밖에도 직장위원은 전 직원을 이해시키는 과정에서 완수해야 할 일들이 있다. 예를 들어 평소의 노동 환경이나 노동 제조건 등에 관해 조합원의 솔직한 의견을 듣고 그것을 상위자인 평의원과 직장위원장에게 보고하는 일이다(직장위원은 직장회에서 조합원의 의견을 듣고 수렴하여 직장회의 바로 위 의결기관인 직장위원회에서 직장위원장과 평의원에게 이를 보고한다—옮긴이).

노동조합은 그 보고를 진지하게 받아들여 이번에는 노동조합 안에서 대화를 진행하고 해결 방법을 찾는다.

이처럼 일상적으로 제기되는 직원들의 불만과 의문을 수렴하는 일은 직장위원의 중요한 임무다.

보통 근무 현장의 일상적인 문제는 직속 상사에게 상담하면 된다고 생각하나 실제로는 그리 간단하지 않다.

'이런 말을 꺼내면 화내지 않을까?' '대수롭지 않게 여기고 제대로 받아들여 주지 않을 거야.' 이런 부정적 마음이 들어 자꾸 주저하게 된다. 이때 직장위원이 있으면 '그래, 직장위원인 ○○씨에게 말해보자' 하고 편하게 상담하고 문제 해결의 실마리를 찾을 수 있다.

내가 입사 2년차에 직장위원을 경험했듯이 직장위원은 대부분 입사한 지 몇 년 지나지 않은 젊은 조합원 중에서 지명한다.

그래서 자신보다 높은 연배의 조합원을 상대할 때가 많고, 상담이라기보다는 "이거 노동조합 차원에서 어떻게 안 될까요?" 하는 식의 불만에 가까운 요구를 자주 받게 된다.

이러한 **요구를 듣는 일이 의사소통 능력의 향상으로 이어진다.**

동년배의 동료와 선배가 직장위원에게 모두 거리낌 없이 가볍게 말을 건다. 직장위원뿐 아니라 직장위원장(600~700명의 조합원을 대표하며 직제상 반장 혹은 현장감독자급)이나 평의원에게도 편하게 말을 건다.

도요타 노동조합에서는 이처럼 서로 편한 대화를 기본 방침으로 삼고 있다. 앞에서 말했듯이 나도 노동조합 전임자가 된 후 현장에 자주 얼굴을 내밀며 열심히 일하는 현장 직원들과 늘 자유롭게 대화하고자 노력했다.

이러한 일상적 노력이 있어야 직장위원과 노동조합 간부에 대한 신뢰감이 쌓인다. **신뢰감이 있어야 모두가 편하게 상담해오며 자신의 바람과 요구를 이야기한다.**

편하게 대화하는 요령

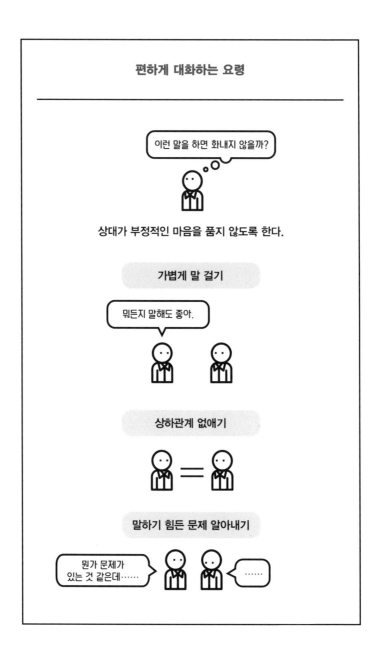

회사가 높이 평가하는 노동조합의 인재 양성

노동조합 전임자가 아닌 직장위원과 평의원, 직장위원장이 조합원을 상담하거나 조합원의 요구사항을 들어주는 일은 전적으로 자원봉사, 즉 무급이다. 보수라면 노동조합에서 직장회에 제공하는 점심 도시락 정도일 것이다.

어떤 문제든 전원이 이해하는 만장일치가 원칙이므로 이를 위해 철저히 대화하다 보면 때로는 밤을 지새우거나 짧은 점심시간을 며칠 연속 할애해야 할 때도 있다. 하지만 무급이라는 사실에 불만을 표시하는 사람은 없다.

게다가 평의원이나 직장위원장 정도가 되면 더 힘들다.

도요타 노동조합의 최고의결기관인 정기대회는 연 1회 열리지만 정기대회 바로 밑에 위치하는 의결기관인 평의회는 지부평의회를 포함해 연 20회 정도 열린다.

평의회에는 평의원은 물론이고 직장위원장도 출석해야 하는데 평의회만큼은 도요타 노동조합이 인건비를 보상하여 근무시간 내에 열린다.

평의회 밑에 위치하는 의결기관이 직장위원회이고 더 밑인 말단에 직장회가 있다(도요타 노동조합의 의결기관은 가장 상위 의결기관인 정기대회[참가자는 직장위원장, 평의원, 대의원]를 시작으로 그 아래 평의회[직장위원장, 평의원], 지부평의회[해당 지부의 직장위원장, 평의원], 직장위원회[해당 직장의 직장위원장, 평의원, 직장위원] 순이며, 가장 말단에 직장회[해당 직장의 직장위원,조합원]가 있다―옮긴이).

평의회가 열리기 전에 직장위원회와 직장회에서 각각 대화를 진행해 만장일치로 의견을 모으도록 의무화되어 있다. 앞서 말했듯이 직장회는 점심시간에 짧게 30분 정도 진행하는데 연 20회 열리는 평의회에 앞서 합의를 이루어내야 하므로 연간 열리는 횟수가 상당하다. 적어도 어림잡아 연간 40~50회 정도는 된다.

이는 각각의 직장회가 주 1회에 가까운 빈도로 열린다는 의미다. 직장위원이 6,000명 정도이니까 **회사 전체로 보면 대략 30만 회다!**

새삼 계산해보니 엄청난 횟수로 그만큼 자주 본심을 이야기하는 대화가 이루어지고 있다는 의미다. 이를 인건비로 환산하면 대체 얼마일까? 물론 무급이므로 실제 회사의 부담은 없다.

그렇다면 회사는 인건비 부담이 없으니 "자, 원하는 만큼 마음껏 하세요" 하고 무관심하게 내버려두느냐 하면 그렇지는 않다.

회사는 직장위원과 평의원, 직장위원장의 활동을 높은 관심을 두고 지켜보고 있다. 그리고 **역할을 착실히 수행하는 조합원(직원)에 대해서는 인사 평가 때도 나름대로 배려하고 있다.**

대부분 직장위원과 평의원은 역할을 수행하면서 자신에게도 많은 공부가 된다고 생각한다. 나아가 노동조합뿐 아니라 회사가 자신을 높이 평가해준다고 느끼므로 도요타 직원으로서 의욕도 높아진다.

노동조합 활동이 **회사의 평가와 직원으로서 의욕 향상**으로 이어지는 긍정적 상호 작용이 가능한 배경에는 오랜 세월 동안 착실히 쌓아온 **노사 상호 신뢰가 자리하고 있다.**

직장위원장은 현장에서 일하는 모두를 위한 상담자

내가 도요타 노동조합에 있던 시절에 정말 대단한 사람이라 생각해 자주 감탄했고 회사도 높이 평가했던 사람이 있다. 바로 **직장위원장**이다.

직장위원장은 노동조합 전임자가 아니므로 노동조합 활동을 하지 않을 때는 한 사람의 직원으로서 평범하게 일하며, 회사의 직제상으로는 현장에서 100명 정도의 직원을 관리하는 반장이나 현장감독자급이 많다.

경력도 오래되어 직장위원을 비롯해 노동조합 활동 경험이 풍부하고 노동조합 조직에서 위아래로 모두의 신뢰가 두텁다. 동시에 현장 지도를 담당하는 직원으로서도 하나같이 높은 신뢰를 받고 있다.

실제로 직장위원장을 맡으면 회사 직제상 과장에 오를 확률이 높다. 하지만 직장위원장이 스스로 출세 가도를 의식하고 있지는 않다. 만약 출세가 목적이라면 노동조합 안에서의 신뢰도가 내려갔으면 내려갔지 오르지는 않을 것이다.

직장위원장은 어디까지나 조합원 한 사람 한 사람을 의식하며 조합원을 위해 충실히 제 역할을 다하고 그 결과로써 조합과 회사에서 신뢰를 얻는다.

나는 몇 명의 직장위원장을 지켜보며 그들의 우수한 역량에 감탄했다. 그중에서도 내 인상에 강하게 남은 기억은 직장 구성원 전원에게 적극적으로 상담해주는 직장위원장의 모습이었다.

직장위원장은 조합원의 이야기를 주의 깊게 듣고 문제점을 세심히 파악하며 시간도 잊은 채 철저히 대화한다. 적극적으로 마주해 상담하고 좋은 결과를 내기 위해 함께 대책을 고민한다.

이처럼 **조합원 한 사람 한 사람의 고민과 불만을 윗사람이 진지하게 받아들이고 함께 해결책을 모색**하는 과정은 **도요타 노동조합의 전통**이다. 바로 그 전통이 **도요타의 기업 문화로까지 발전**하게 되었다고 할 수 있다.

직장위원장은 본인이 의식하지 않아도 이러한 전통 혹은 문화의 계승자 역할을 앞장서서 착실히 수행하고 있다.

마음을 터놓고 이야기하는 노사간담회

노사가 모여 당면한 경영 과제를 기탄없이 이야기하는 자리로 **노사간담회**가 있다.

회사 측은 사장을 비롯한 전 임원이, 노동조합 측도 위원장을 포함한 전 간부가 참석한다. 그리고 서로 솔직하게 마주해 **본심으로 의견을 주고받는다.**

노사간담회는 경영 과제에 관한 논의뿐 아니라 **대화를 통해 노사 상호 신뢰를 확인하고 이를 더욱 군건히 하는 자리**이기도 하다.

과거에는 노사간담회를 연 3회 열었지만 2018년부터는 원칙적으로 연 1회만 연다. 그 대신 담당 부사장 등 분야별 책임자가 노동조합 집행부는 물론이고 직장위원장과 평의원을 직접 만나 대화하는 자리를 마련하고 있다.

기본적으로 노사간담회는 특정 주제에 관해 논의하며 그 방향성을 찾아나가는 것이 목적이다. 따라서 사전에 논의 주제가 어느 정도 조정되어 있다. 하지만 때로는 회사에 강한 자극을 주기 위해 노동조합 측이 예정에 없던 발언을 하기도 한다(이는 위원장, 부위원장, 서기장의 특권이다).

관련해 내가 서기장이 되고 나서 처음 참석한 노사간담회가 생각난다. 자기 자랑이 될지도 모르지만 노사간담회의 일면을 알 수 있는 일화이므로 소개하고자 한다.

내가 서기장이 되기 얼마 전 기획국장(현 기획홍보국장)으로 있을 때 나는 의식적으로 공장에 나가 잠재되어 있거나 혹은 겉으로 드러난 여러 문제를 꼼꼼히 파악하려고 노력했다.

하루는 공장으로 향하는 중에 화장실을 이용하게 되었다. 공장 화장실을 이용한 것이 처음도 아닌데 어쩐 일인지 문득 너무 지저분하고 냄새가 고약하다는 사실에 놀랐다.

더러운 채로 방치된 변두리 공원 화장실 같은 상태였다. 청결에 민감한 사람이라면 도저히 참지 못할 수준이었다. '이래서야 여성은 절대로 사용할 수 없겠어' 하는 생각이 절로 들었다. 애초에 당시 공장에는 남성 직원만 있었으므로 여성 전용 화장실이 없고 모두 남녀 공용이었다.

남성만 있는 직장이라고 해도 여성의 출입이 금지된 것도 아니었고 용무가 있어서 여성이 이용할 수도 있었다. '여성은 공장에 배치되지 않으니 상관없다'는 시대착오적 방침을 유지하고 있는 것도 이상했다.

남녀 차별의 문제는 차치하더라도 이런 화장실 상태는 노동 환경으로서 너무 열악하다는 생각이 강하게 들었다. 그 후 얼마간 모든 공장의 화장실을 조사했다.

조사해보니 모든 공장의 화장실 수가 약 500개였다. 전부는 아니지만 각 공장에 방문해 꽤 많은 화장실을 직접 확인했다. 내가 확인하러 가기 힘든 곳은 직장위원 등에게 부탁해 대신 확인하도록 했다.

조사를 완료한 후 '상당한 예산이 들어갈지 모르나 대부분 공장의 화장실을 청결하게 다시 만들 필요가 있다. 이는 매우 중요한 과제다' 하고 결론지었다.

노사간담회에서 모든 공장의 화장실을 보수하기로 즉결

공장의 모든 화장실을 수리해야 한다는 결론을 회사 측에 어떻게 요구해야 신속히 대응해줄까 하고 고민하던 차에 문득 얼마 후 열리는 노사간담회가 떠올랐다. 사장과 담당 부사장을 포함해 전 임원이 출석하므로 틀림없이 빨리 결론이 나리라 보았다.

한창 화장실을 조사할 때만 해도 나는 기획국장이었으나 다음 노사간담회를 앞두고 서기장이 되어 있었다. 이것도 나에게 좋은 기회였다.

'서기장이 되고 나서 처음 열리는 노사간담회다. 사전에 예정되어 있지 않은 이 문제를 갑자기 꺼내 부딪쳐보자.'

이렇게 마음먹고 노사간담회에 나갔다. 서기장이 되면 회사 측 대우도 달라진다는 사실을 실감하며 적절한 때를 노려 이렇게 발언했다.

"여러분은 공장 화장실을 이용해본 적이 있으신가요? 직접 이용해본 적은 없더라도 화장실 안을 들여다본 적은 있으신가요? 얼마 전에 저는 우연히 공장 화장실을 이용했는데 정말 깜짝 놀랄 만큼 지저분하더군요. 냄새도 지독했고 말이죠.

그래서 이참에 모든 공장의 화장실을 점검해보기로 했습니다. 그 결과 어느 화장실이든 이용하기가 주저될 만큼 더럽고 악취가 심한 상태라는 사실을 알게 되었습니다.

화장실은 생산성이 높은 시설이 아니지만 들어가기조차 꺼려질 만큼 열악한 상태의 화장실을 보고 나니 과연 이러고도 **사람을 소중히 하는 회사라고 할 수 있을지 의문이 들었습니다.** 또한 여성이 사용할 기회가 드물지 모르나 모든 공장에 여성 전용 화장실이 없는 것도 문제라고 생각합니다."

회사 측 참석자들은 허를 찔린 듯 놀란 표정을 지었다. 노사간 담회의 관리 책임자인 인사부장은 얼굴이 파랗게 질려 있었다.

그때 생산 담당 부사장이 말했다.

"서기장의 지금 말씀은 마음에 깊이 와닿습니다. 아주 좋은 말씀을 해주셨습니다. 서기장의 말씀대로 사람을 소중히 하는 회사에서 이런 상태로 화장실을 방치한다면 있을 수 없는 일입니다. 이 자리에서 바로 대책을 세워야 합니다."

노사 모두 반대하는 사람이 없었다. 참석한 노사의 모든 간부와 임원이 부사장의 발언을 진심으로 이해하고 수긍했다.

노사간담회에서 **전원이 이해하고 결정한 사항은 즉시 실행한다.**

생산 담당 부사장은 즉시 시설부에 이야기했고 그해에 3억 엔의 예산을 확보해주었다.

그 후 약 3년에 걸쳐 모든 공장의 화장실을 깨끗하게 다시 만들었다. 이로써 나는 한동안 노사 양쪽에서 '화장실 서기장'으로 불렸다. 물론 기분은 나쁘지 않았다.

회사가 살피기 힘든 근무 현장 문제를 구석구석 확인한다

화장실은 인간에게 꼭 필요한 시설이며 많은 사람이 일하는 회사에서는 중요한 근무 환경의 하나로 반드시 정비해두어야 한다.

또한 화장실은 '어쨌든 있으면 그만'이라고 생각할 수 없다.

물론 과거 고도 경제성장기에는 모두가 매출을 올리는 데 급급해 근무 환경을 세세히 신경 쓰지 못했으리라는 사실은 쉽게 상상할 수 있다.

나도 입사 후 현장 실습을 하면서 공장 화장실을 아무런 생각 없이 이용했다. 1975년에 입사해 아직 고도 경제성장기의 분위기가 남아 있던 시절이므로 근무 환경의 중요성에까지 생각이 미치지 못했다. 그래서 지저분한 화장실을 별 문제 없이 받아들였는지도 모르겠다.

하지만 고객을 상대하는 회사나 상점은 그럴 수 없다. 당연한 일이지만 서비스업과 소매업은 고도 경제성장기에도 화장실을 청결하게 관리했다.

내가 화장실에 주목한 계기 중 하나는 일본 국철이 JR로 민영화하면서 역사 화장실을 모두 깨끗이 보수해 세간에 화제가 되었던 일이다(적자에 허덕이던 일본 국철은 1987년에 화물철도회사와 여객

철도회사 등 JR 계열 7개 회사로 분할해 민영화했고 이후 고객지향의 서비스 경쟁을 통해 단 1년 만에 초우량 회사로 탈바꿈했다─옮긴이). 그 모습을 보면서 '이제 더러운 화장실을 참고 사용하는 시대가 아니다. 우리 공장의 화장실은 정도가 심해도 너무 심하다' 하고 생각했다.

아마 공장 직원들도 그러한 변화를 느끼고 "우리 공장 화장실 너무 더럽지 않아?" 하고 다 함께 이 문제를 화제에 올렸을지도 모른다.

하지만 동료들 사이에 화제가 되었어도 회사에 정식으로 건의할 만큼 다급한 문제는 아니었을 것이다.

한편 회사의 경영진과 관리직 그리고 노동조합의 간부들은 평소 공장 화장실을 이용하지 않으므로 열악한 상황을 알아차릴 기회가 없다. 게다가 본사 빌딩과 공장 사무동에 있는 화장실은 매일 청소하며 늘 깨끗이 관리하므로 공장 화장실에까지 생각이 미치기는 쉽지 않다.

제조 라인의 생산성과 가이젠에는 관심이 높아도 공장의 **근무 환경이 생산성에 미치는 영향은 미처 깨닫지 못했을 수 있다.**

이는 세계 최고의 자동차 제조사로서 다소 아쉬운 부분이다.

기획국장이던 내가 화장실의 가이젠에 착수한 이유는 제조 라인의 문제뿐 아니라 일할 의욕과 생산성에 영향을 주는 전반적 근무 환경이 현재 어떤 상태인지 구석구석까지 파악해두고 싶었기 때문이다.

회사 측은 근무 환경을 제대로 파악하기 힘들 것이라는 판단도 있었다. 그렇다면 노동조합이 그 임무를 맡아야 한다.

기획국장은 솔선해서 조합원의 근무 환경을 살펴야 할 의무가 있으므로 나는 매일 현장을 둘러보러 나갔다.

물론 노동조합 전임자라면 누구나 그런 의식으로 현장을 확인할 의무가 있다고 생각한다.

그런 사명감으로 현장을 둘러보면 회사의 직제상 현장관리자나 관리직에서 알아차리기 힘든 문제가 도처에 널려 있다.

내가 노사간담회에서 발언했듯이 그런 맹점을 찾아 가이젠하는 방법을 제안하는 일도 분명 노동조합의 중요한 역할이다.

이제까지 도처에서 노동조합이 그러한 역할을 해왔기 때문에 회사 측이 노동조합의 활동을 높이 평가하는 것이라 확신한다. 도요타 노동조합은 그러한 노력을 줄곧 계속해왔다. 그로 인해 **노사 상호 신뢰가 더욱 단단해질 뿐 무너지는 일은 절대 없다.**

근무 현장의 문제점을 밝히는 캠페인을 진행하다

노동조합이 현장의 목소리를 듣고 가이젠을 제언한 사례를 떠올려보면 지금도 자랑스러운 일화가 있다. 내가 화장실 서기장으로 불리던 때의 일이다.

당시 춘투 교섭 때 회사는 현재 상황을 지나치게 비관적으로 인식해 임금 인상 폭을 억제하려는 태도를 분명히 밝혔다. 회사 측의 이러한 태도에 나를 포함한 노동조합 집행부는 난처한 기색을 숨길 수 없었다.

"버블 경제의 흐름을 타고 자동차 판매량과 매출이 늘어났는데 이익은 줄었다니 대체 무엇 때문일까?"

"그 원인을 밝히지 않는 한 경기 확장에 맞춘 임금 인상 실현은 힘들다."

"회사의 어딘가에서 불필요한 낭비(도요타 생산방식에서 배제해야 할 세 가지 요소로 꼽는 불합리, 불필요, 불균형 중 하나)가 발생하고 있는 건 아닐까?"

"문제점을 찾아야 하지 않을까?"

노동조합 집행부에서 열띤 논의가 벌어졌다.

그런데 당시 기술부에 있던 한 직장위원장이 평의회와 정기대회에서 반복적으로 현장의 문제점을 호소했고 이것이 노동조합이 행동하는 데 방아쇠를 당겼다.

이 직장위원장은 노동조합에서 책임 있는 위치에 있는 수뇌부의 세 간부를 향해 "기술부에 직접 와서 현장에 있는 조합원의 목소리를 들어주십시오. 현장의 실태를 봐주십시오" 하고 호소했다.

집행부도 회사가 버블 경제에 휩쓸리고 있지는 않나 하는 문제의식을 느끼고 있었으므로 이러한 지적에 자극을 받아 기술부뿐 아니라 모든 부서의 조합원에게 **현장의 문제점을 밝혀달라**고 요청하게 되었다.

"이런 방식을 고수하고 있으니 이익이 나지 않는다." "이런 이유로 일이 불어나 현장 직원이 너무 힘들다." 이런 현장의 목소리를 듣기 위해 조합원들에게 **문제의식을 바탕으로 자기 일과 주변 환경을 재검토한 뒤 노동조합에 보고해달라**는 대대적인 캠페인을 진행했다.

때는 1980년대 말부터 1990년대 초에 걸친 버블 경제 시대로 세상은 토지 버블, 주식 버블, 줄리아나 도쿄의 버블리 댄스(1990년대 초 도쿄에 문을 연 나이트클럽인 줄리아나 도쿄는 일본 버블 경제의 상징으로 여겨진다. 당시 진한 화장과 화려한 패션의 젊은 여성들이 부채를 휘두르며 추는 춤이 화제를 모았다—옮긴이) 등으로 한창 들떠 있었다. 캠페인의 명칭은 매우 직설적으로 **'왜 벌지 못했나'**로 정했다.

각 직장에서 보고한 놀랄 만큼 많은 문제

'왜 벌지 못했나' 캠페인은 1989년 춘투에 앞서 각 직장에서 전개되었다. 그러자 직장에서는 기다렸다는 듯 다양한 문제를 밝혀냈다. 문제를 보고해달라고 요청했던 우리가 놀랄 정도였다. 보고된 사례는 큰 문제부터 사소한 문제까지 다방면에 걸쳐 있었는데 그중에서 큰 문제 두 가지를 소개해볼까 한다.

첫 번째는 집행부도 그 엄청난 규모에 놀란 개발 부문의 낭비 사례로 시작차(試作車) 제작과 관련된 문제였다.

자동차를 개발할 때는 라인 생산에 들어가기 전 실제 제조·판매할 차량으로 실차 실험을 진행한다. 예를 들면 주행 시험과 충돌 실험이 대표적이다.

이들 실험에 필요한 차량은 열 대 전후인데 결정된 부재와 부품을 사용해 한 대 한 대 수작업으로 만든다. 바로 이 차를 시작차라고 한다. 시작차는 한 대씩 수작업으로 만들기 때문에 비용으로 환산하면 한 대에 1억 엔 정도가 든다고 알려져 있다.

도요타에서 하는 일이니 시작차는 실험에 필요한 만큼 한 대씩만 만든다고 생각했다. 그런데 당시 모델 변경이 빈번해 시작차 주문이 끊이지 않자 생산 비용 절감을 위해 라인 방식으로 한데 모아 생산하게 되었다.

　그렇게 하자 대당 생산 비용은 줄었지만 아무래도 라인을 효율적으로 활용하기 위해 일정 대수 이상씩 **넉넉하게 만들어두는 일이 많아졌다.**

　비용이 줄긴 했어도 역시 수작업에 가까우므로 대당 수천만 엔이 드는 것은 틀림없었다.

　그리고 가장 큰 문제는 예상하여 미리 만들어놓은 시작차가 매번 몇 대씩은 사용되지 않은 채 그대로 폐기처분된다는 사실이었다. 그야말로 큰 낭비였다.

　이 건은 시작차 제조 공정에 관한 내부 사항이었으므로 노사 교섭이라는 큰 자리에서는 다루지 않고 해당 부문에 따로 문제를 제기하기로 했다. 그 결과 이처럼 **큰 낭비에 대한 가이젠을 실시하게 되었다.**

캠리 제조 라인의 큰 낭비를 지적하다

　두 번째 사례는 노사 교섭 자리에서도 다뤘던 문제로 당시 도요타의 세계 전략차(동일한 차체를 활용해 전 세계의 거점에서 생산·판매하는 자동차─옮긴이)인 캠리(Camry, 1980년부터 판매하기 시작한

중형차로 도요타의 대표적 베스트셀러—옮긴이)의 제조 라인에 관한 것이었다.

자동차 앞 유리의 안쪽 천장 가장자리에는 태양광 등의 눈부심을 차단하기 위해 선바이저(햇빛가리개)가 부착되어 있다. 평소에는 천장 쪽으로 접어놓았다가 운전자가 펴서 내렸을 때 전방 시야를 확보하면서 빛을 차단해주면 그만인 부품으로 그 이상의 의미는 없다.

그런데 캠리의 선바이저 조립 라인에서 다음과 같은 문제가 지적되었다.

"선바이저는 형태와 색상 등의 차이에 따라 **100종류 이상이 있다.** 왜 그런가 하면 내수용, 해외용, 차량 등급, 내장 색상 등에 따라 선바이저에 각기 다른 품번(상품을 관리할 때 다른 상품과 종류와 색 등을 구별하기 위해 매기는 상품 번호—옮긴이)을 붙이게 되어 있기 때문이다.

이 때문에 라인을 흘러가는 자동차에 선바이저를 골라 부착하는 작업은 온 신경을 집중해야 할 만큼 힘든 공정이 되어버렸다. 그저 빛을 가리기 위한 부품에 이렇게나 많은 종류가 필요한 것인가."

집행부는 즉시 타사의 사례를 조사했다. 그 결과 일본 자동차 제조사는 대체로 비슷한 실정이었으나 독일의 고급차 브랜드 벤

츠에는 모델 하나당 색상을 포함해 **3종류의 선바이저만 있다는** 사실을 알게 되었다. **100종류 이상과 3종류의 차이였다.**

종류가 적으면 부품 양산 효과가 올라가고 재료 면에서도 공통화를 꾀할 수 있다. 이 비용의 차이는 매우 크다.

또한 무엇보다 생산 현장에서 알맞은 부품을 고르기 위해 선별하는 시간 비용과 작업자의 정신적 부담이 훨씬 줄어든다.

이처럼 100종류 이상과 비교해 3종류는 여러 가지 면에서 압도적으로 우위에 있다. 우리는 이듬해 춘투의 노사 교섭에서 이 문제를 비장의 카드로 사용했다.

회사의 경리 담당 임원이 "판매 대수는 늘었지만 올해 이익이 전년을 크게 밑돌고 있습니다" 하고 설명하며 임금 인상을 위해 쓸 돈이 없다고 주장하자 노동조합 측의 생산 담당 부위원장이 천천히 그래프를 가리키며 발언했다.

"회사는 전년 대비 수치만을 거론하고 있으나 최근 10년간 매상과 이익의 추이를 봐주시기 바랍니다. 근래 일본 자동차 시장의 급격한 확대로 생산 대수는 꾸준히 상승하고 있으나 이익은 줄고 있습니다. 이것은 생산에서 판매에 이르기까지의 과정 중 어딘가에서 불필요한 낭비가 발생하고 있다는 의미가 아닐까요?"

이러한 지적으로 회사 임원진의 주의를 끈 뒤 "우리가 조합원을 통해 수집한 근무 현장의 문제점 중에 이런 예가 있었습니다" 하고 캠리 제조 라인의 선바이저 사례를 소개했다.

회사 측이 동요하는 기색이 역력했다. 임원진의 얼굴에 떠오른 당혹감과 칭찬이 뒤섞인 뭐라 설명하기 힘든 표정이 지금도 뇌리에 선명히 남아 있다.

당시 그 자리에서는 "이렇게 하자, 저렇게 하자" 같은 세부 발언은 없었으나 **나중에 해당 부문과 공장 단위의 노사 협의에서 가이젠을 위한 논의가 진행되었다.**

노동조합의 지적으로 버블 붕괴의 손실을 최소화하다

앞의 두 사례는 회사 차원의 큰 문제였으나 **노사 교섭을 통해 회사의 행동을 끌어낼 수 있었다.** 예를 들어 선바이저 같은 부품에 대해서는 고객의 요구에 따라 일일이 내장별 색상과 형태를 바꿀 필요가 있는지와 조금 더 부품의 공통화와 단순화를 꾀할 방법이 없는지 등 효율화의 관점에서 다양한 방면으로 재검토가 이루어졌다.

당시 국내 자동차 시장은 전반적으로 판매 실적이 우수했고 자동차 제조사 간 개발 경쟁이 치열해 모델 변경 주기가 짧아져 있었다. 도요타의 선바이저 등에 대한 가이젠 논의는 이러한 버블 경제의 흥청망청한 분위기에 편승한 자동차 산업의 생산과 개발, 제조 실태에 경종을 울렸다고 생각한다.

이 무렵부터 도요타 사내에서는 '적정 품질'의 중요성을 인식하게 되었다. 이는 **겉보기에 좋은 제품이 아니라 진정으로 요구되는 품질을 고려해 개발한다**는 사고방식이다.

도요타자동차는 버블이 붕괴하면서 타사와 마찬가지로 손실을 보았다. 그러나 손실을 최소화하려는 노력을 바탕으로 1991년부터 이어진 시장 침체기인 '잃어버린 20년'을 극복하고 오늘날까지 꾸준히 높은 이익을 올리고 있다. 그 배경에는 이러한 노동조합의 활동이 적잖은 공헌을 했다고 생각한다.

도요타자동차는 도요타 생산방식의 진수인 불합리, 불필요, 불균형을 철저히 배제한다는 철학을 전사적으로 공유했다. 하지만 버블 경제의 열기에 들떠 과오를 저지르고 말았다. 지금도 그 사실을 무겁게 받아들이고 있다.

듣고 말하는 능력이 사람을 성장시킨다

현장의 문제점을 밝힌다.

시작차 제작에서 낭비를 발견

↓

해당 부문에서 가이젠

선바이저에서 낭비를 발견

↓

노사 교섭

↓

가이젠

상호 신뢰가 있으므로 날카로운 발언도 할 수 있다

지금 돌이켜보니 떠오르는 또 하나의 교훈이 있다. 당시 회사 측 노무 담당 전무가 보여준 포용력이다.

노사 교섭이나 노사간담회 진행은 노무 담당 부서가 맡고 있다. 아마도 당시 전무는 회사가 처한 상황에 위기감을 느꼈던 듯하다. 이는 한정된 인원만 참석하는 대화 자리에서 나도 여러 차례 들은 바 있었다.

당시 노동조합 수뇌부의 세 간부는 전무와 허심탄회하게 대화하면서 회사 측에 전하고 싶은 사항을 자유롭게 이야기했다.

이때 전무는 아직 경험이 부족한 노동조합 대표를 견제하지 않고 편하게 이야기하도록 배려해 다른 부문의 임원들에게 경종을 울렸다. 이렇게 말하니 노동조합이 회사 측 노무 담당자의 손바닥 안에 있었다고 오해하는 사람도 있을지 모르겠다. 하지만 절대로 그렇지 않다.

노동조합 측 사람들은 회사가 노동조합을 존중한다는 사실을 알기 때문에 날카롭게 발언하고 과감하게 행동할 수 있었다.

이것이야말로 **도요타가 가진 노사 상호 신뢰의 핵심**이다.

전 직원에게로 확산된 현장에 대한 존경심

'왜 벌지 못했나' 캠페인을 진행하고 직장회에서 노사간담회에 이르기까지 여러 단계에서 깊은 대화를 거듭했다. 그러면서 당시 회사에는 한 가지 중요한 풍토가 만들어졌다.

회사 전체에 현장을 존경하는 마음이 싹트고 퍼졌다.

도요타 생산방식의 중심인 제조 현장에서 일하는 직원들은 애초에 자신들의 일터에 대해 자부심을 느끼고 있으나 사무·지원 부문의 직원들은 현장에서 멀리 떨어진 사무실에서 일하므로 현장을 관념적으로만 파악하고 있다. 현장에 대해 생각할 기회도 거의 없다.

나도 노동조합 전임자가 되기 전 지원 부문인 법무팀에 배속되어 있었고, 현장에 대해 생각할 기회가 적었다.

신입 사원은 배속된 부서와 관계없이 누구나 2개월의 현장 연수를 경험하므로 도요타의 전 직원은 도요타 생산방식이 무엇인지 직접 보고 확인할 기회가 한 번씩은 있다. 하지만 그 후로 몇 년간 사무실에서만 일하다 보면 신입 사원 때와 달리 현장에 대한 실감이 점차 흐려진다. 내 경우에도 법무팀의 일로 자동차 결함 문제를 조사하기 위해 해당 제조 현장에 갈 기회가 가끔 있긴 했으나 평소에는 현장에 갈 일이 전혀 없었다.

회사에서는 현장을 자주 경험하도록 장려하고 있지만 사무·지원 부문에서 일하는 직원들은 실제로 그렇게 하기가 힘들다.

그래서 노동조합은 **모든 조합원이 다 함께 현장의 문제를 발견하고 논의하는 활동을 통해 현장에 꾸준히 관심을 가지도록** 장려하고 있다. '왜 벌지 못했나' 캠페인도 그러한 계기로 시작된 활동 중 하나였다.

도요타가 매년 2조 엔이 넘는 이익을 내는 등 자동차 회사 최고의 실적을 달성한 배경에는 누가 뭐래도 **현장의 힘**이 있었다. 직원들이 이러한 현장의 힘을 다시 한 번 깊이 깨닫고 이해할 필요가 있었다.

현장에 관심을 두고 일련의 활동을 지속하는 사이 제조 라인과 사무·지원 부문을 포함한 **전 직원이 현장에 대한 존경심을 갖게 되었다.**

이는 분명 도요타를 더욱 강하게 만드는 힘의 원천이 되었다.

도요타 노동조합 발족부터 지켜온 공직일체의 원칙

도요타 노동조합은 유니언 숍(union shop, 회사와 노동조합의 협정에 따라 회사가 고용한 노동자는 의무적으로 노동조합에 가입하게 하는 제도—옮긴이)이므로 관리직 외 직원은 모두 조합원이다.

또한 1946년에 노동조합을 결성하면서 **공직일체**(工職一體, 공장에서 일하는 현장 직원인 블루칼라와 사무실에서 일하는 직원인 화이트칼라가 하나 되어 노동조합 활동을 하는 것)의 원칙을 확인하여 처음부터 줄곧 블루칼라와 화이트칼라의 구별 없이 양측 조합원이 함께 활동하고 있다.

그런데 모든 노동조합이 공직일체인가 하면 그렇지는 않다. 일반적으로 노동조합 집행부는 블루칼라를 우선하므로 필연적으로 현장 출신이 위원장이 되는 일이 많다.

도요타 노동조합도 현장 출신 위원장이 많다. 그러나 그럴 경우 서기장을 대졸 화이트칼라에서 뽑아 균형을 맞추는 방식으로 **공직일체의 원칙을 지키고 있다.**

요컨대 **현장과 사무 부문을 구별하지 않고 함께 운영**해나가고 있다. 나는 노동조합 전임자가 되기 전부터 이 공직일체가 성미에 맞았던 모양이다. 노동조합 전임자가 되고 나서는 결국 법무팀으로 돌아가지 않고 노동조합 외길을 걷게 되었다.

앞에서도 말했듯 나는 노동조합 전임자의 임무를 다하기 위해 현장에 나가 현장을 피부로 느끼며 근무 환경을 확인했다. 특히 기획국장 시절에는 동네 백수처럼 제조 현장을 어슬렁거리며 직장위원이나 평의원 등 현장에서 일하는 조합원들과 수시로 대화했다.

이런 활동을 꾸준히 반복하다 보니 현장에 대한 존경심이 점점 깊어졌다.

이는 내가 전일본자동차산업노동조합총연합회 회장과 일본노동조합총연합회 부회장 등 도요타 노동조합의 상부 조직에 간부로 취임한 뒤에도 그러했다.

경쟁 회사에서는 화낼지 모르겠지만 도요타가 가진 현장의 힘은 어느 회사보다 강력하고 앞으로도 도요타가 계속 자동차 업계의 선두에 서리라 확신한다.

제3장 POINT

- 회사에서의 가이젠과 노동조합에서의 대화로 개인이 성장한다.
- 외부에 의존하지 않고 자사에서 철저히 교육한다.
- '다섯 번의 왜' 원칙의 이면에는 늘 공부하는 상사와 선배가 있다.
- 전원을 이해시키는 과정에서 듣기와 말하기 능력이 단련된다.
- 직장회에서의 대화로 업무에서는 물론 삶에서도 성장한다.
- 회사가 제대로 평가해주므로 철저히 대화한다.

제4장

우리 일은 우리가 결정한다는 도요타 정신

Toyota

도요타는 매출과 이익 상승을 목표로 삼지 않는다

"도요타는 매출이나 이익에 대한 수치상 목표를 설정하지 않는다. 이는 예전이나 지금이나 마찬가지다."

도요타 직원이나 은퇴한 선배가 아닌 사람에게 이런 이야기를 하면 대부분 "네? 그게 정말이에요?" 하고 반문한다.

회사는 매출이나 이익 목표를 세우고 이를 달성하기 위해 전략과 방책을 고민하며, 각 부문은 물론 직원 한 사람 한 사람 단위로 역할을 분담해 각자 할 일을 결정한다. 이는 일반적인 상식으로, 회사의 규모가 커질수록 더 높은 목표를 세우고 이를 달성하는 데 전 직원이 힘을 모은다.

나도 도요타에 들어오기 전에는 그렇게 생각했다.

그런데 도요타에 들어와 보니 이른바 **매출이나 이익, 판매 대수 같은 수치상 목표는 없고** 현장에서든 사무 부문에서든 **능률 향상과 원가 절감이라는 두 개의 핵심어로 요약되는 행동 목표**만 있었다.

물론 능률 향상과 원가 절감도 수치상 목표를 세울 수 있다. 예를 들어 능률 향상은 이제까지 기준으로 정해놓았던 시간을 얼마큼 단축할지 그리고 원가 절감은 전 분기와 비교해서 원가를 얼마큼 절감할지 목표치를 설정할 수 있다.

도요타에서도 실제로 이런 목표를 세우는 현장이 있다. 하지만 그것은 어디까지나 **자신들이 스스로 정한 목표**일 뿐 회사 차원에서 지시한 사항이 아니다.

가이젠 철학이 몸에 밴 직원들은 날마다 능률 향상과 원가 절감이라는 뚜렷한 문제의식을 바탕으로 전력을 다해 일한다.

때로는 수치를 의식하기도 하지만 공장과 사무실 여기저기에 '매출 목표 ○○억 엔 달성!' 같은 전투적인 슬로건을 붙여놓거나 하지는 않는다.

도요타에 입사하고 몇 년이 지나면 어느새 수치상 목표를 세우지 않는 것을 일반적인 기업의 영업 활동으로 인식하고 그에 따라 자발적으로 능률 향상과 원가 절감에 힘쓰게 된다.

물론 도요타 직원들도 회사의 매출과 이익, 생산 대수와 판매 대수에 관심이 전혀 없지는 않다. 도요타의 매출액과 영업이익 수치는 '그런 거 알고 싶지 않아' 하고 생각해도 니혼게이자이 신문 등의 1면에 실리기 때문에 '경상이익이 2조 엔을 넘었네. 대단한데!' 하고 놀라거나 기뻐하고 때로는 실망하기도 한다.

하지만 결산 정보와 지금 자신이 하는 일은 직접적 관련이 없다. 자기 눈앞의 일에 영향을 미치는 것은 **어디까지나 수치가 아니라 가이젠**이다.

회사의 결산 수치는 당연히 직원들이 열심히 일한 결과지만 도요타같이 세계적 기업으로 성장하면 다른 요소, 이를테면 회사를 둘러싼 다양한 환경의 변화에 따라 이 수치가 요동친다. 환율은 그중에서도 가장 결정적인 요인이다. 직원 한 사람 한 사람이 아무리 발버둥쳐도 어떻게 하기가 힘들다.

그런 면에서 **능률 향상과 원가 절감은 자신이 하는 일을 통해 달성할 수 있는 숫자다.** 문제의식 없이 아무것도 가이젠하지 않으면 자신의 실적과 주변의 평가는 분명 낮아진다.

개개인의 일에 영향을 주는 것은 어디까지나 이 두 가지 핵심에 집약된 가이젠이다.

이러한 목표는 현장과 간접 부문에 있는 도요타 직원 모두 분

이렇게 목표가 다르다

일반적인 회사는

목표!

매출 ○○조 엔
이익 ○○억 엔

도요타의 경우는……

수치상 목표는 없다!
'능률 향상'과 '원가 절감'을 위한 행동 목표만 있을 뿐!

명히 인식하고 자기 안에 깊숙이 받아들이고 있다.

능률 향상과 원가 절감의 내용은 사람마다 다르다. **직원 각자가 자발적으로 결정하고 실행**하기 때문이다.

도요타와 다른 자동차 회사의 가장 큰 차이점

도요타 노동조합의 서기장이 되었을 당시 나는 산업별 노동조합 등의 회의에 참석해 타사 노동조합 간부들과 정보를 교류할 기회가 많았다. 그런데 그때마다 "도요타의 다음 분기 영업이익 목표는 얼마인가요?" "생산 대수는요?" 같은 수치상 목표에 대한 질문을 자주 받았다.

처음에는 이런 질문에 위화감을 느꼈다. 다른 자동차 회사가 모두 매출 목표를 비롯해 다양한 수치상 목표를 설정한 뒤 그 목표를 공장과 차종별로 반영해 구체적 생산 계획을 세운다는 사실에 약간의 문화 충격을 받았다.

나아가 타사에서는 노동조합의 활동 방침도 회사의 매출이나 이익에 대한 수치상 목표와 그 실적에 따라 정해지는 부분이 있었다. 이처럼 대부분 회사와 노동조합에서는 애초에 수치상 목표의 존재를 당연시해 이 목표를 기준으로 행동 계획을 세우고 여기에 얽매여 매일의 업무에 매진하고 있다.

처음에는 내가 타사의 이러한 경영 방식에 놀란 만큼 상대도 도요타의 상황을 놀라워하는 이상한 대화를 나누었다.

도요타가 매출 목표를 설정하지 않는 이유는 수치상 목표보다 끝없는 능률 향상과 원가 절감을 더 중요시하기 때문이다. 하지만 원래 자동차 제조사는 그 특성상 **부문과 공장별로 매출이나 이익 목표를 설정하기 어려운 면이 있다.**

자동차 제조사는 다양한 차종을 취급하는데 차종마다 모두 다른 재료와 부품을 사용하는가 하면 그렇지는 않다. 모든 자동차 제조사가 마찬가지겠지만 차종이 달라도 같은 종류의 부품을 사용하며 가능한 한 이를 공통화하려는 사고방식을 가지고 있다.

예를 들어 코롤라 제조 공장에서 사용하는 원재료와 부품을 캠리 제조 공장에서도 똑같이 사용하는 방식의 공통화는 모든 자동차 제조사에서 매우 자연스럽게 행하고 있으며 앞으로도 그럴 것이다.

이처럼 공장끼리 공통화를 통해 협력하여 차를 생산하고 있는데 각 공장 단위로 목표를 설정하고 이를 달성했느냐의 여부로 크게 소란을 피운다면 뭔가 이상하다.

또한 차종마다 공장이 다르면 모델 변경에 성공할 때마다 공장별 생산 대수가 크게 달라진다. 경쟁 회사가 모델 변경에 성공했을 때도 우리 회사의 생산 대수가 영향을 받는다.

도요타는 이런 상황에서 시장의 요구를 고려하지 않은 채 일방적으로 "우리 회사는 다음 분기에 몇 대를 만들고 몇 대를 팔겠다"하고 목표를 세우는 일이 의미가 없다고 생각한다.

상부의 지시가 아닌 시장의 목소리로 정해지는 생산 대수

도요타 현장에서도 "이번 분기에는 몇 대나 생산할까?" "매출은 어느 정도나 될까?" 같은 말들이 오간다. 당연히 도요타 직원들도 이런 수치에 관심이 있다. 하지만 전 직원이 매진해야 할 목표를 설정하지는 않으므로 이러한 대화는 언제나 여유로운 분위기에서 이루어진다.

다만 판매 회사(도요타 코롤라 점 등 차종별·지역별로 운영되고 있는 판매 회사. 도요타자동차판매주식회사는 1982년에 도요타자동차공업주식회사와 합병하여 도요타자동차주식회사가 되었다. 이 책에서 '도요타'라고 칭하는 회사는 도요타자동차주식회사지만 더욱 정확하게는 합병 전 내용에서는 도요타자동차공업주식회사, 합병 후 내용에서는 도요타자동차주식회사를 의미한다)는 사정이 조금 다르다.

차종별·지역별로 운영되는 판매 회사에 도요타가 목표 대수를 정해주지는 않는다. 제조 부문과는 사정이 다르다고 볼 수 있다.

사정이 다르다는 말은 판매 회사가 자체적으로 시장 동향 등을 지켜보면서 한 해 동안 판매할 목표 대수나 판매하고 싶은 목표 대수 등을 정해 판매 활동을 한다는 의미다(물론 도요타자동차의 실적을 뒷받침하기 위해 필요한 판매 대수를 가늠해보기는 한다).

도요타는 판매 회사가 세우는 판매 목표를 합산해 생산 대수를 결정하고 생산 계획을 세운다. 그러므로 예를 들어 도요타가 '이번 분기 국내 생산 대수는 3,000만 대이며 그중 코롤라가 ○○만 대, 렉서스가 △△만 대……' 같은 식으로 먼저 수치상 목표를 설정한 뒤 이를 각 판매 회사에 할당하거나 하는 일은 하지 않는다. 그보다는 다음과 같이 결정한다.

판매 회사: 우리 회사는 다음 분기에 ○○대는 판매하려고 생각하고 있고 그만큼 판매할 자신도 있습니다.

도요타: 그렇습니까. 감사합니다. 다른 판매 회사에서 올라오는 목표 대수와 합산하면 합계 △△대가 되는군요. △△대를 기본으로 국내 생산 대수를 결정해 생산 계획을 세우도록 하겠습니다.

왜 생산 대수를 먼저 정한 뒤 이를 바탕으로 판매 회사에 판매해야 할 목표 대수를 할당하지 않고, 반대로 판매 회사에서 알려주는 목표 대수를 합산해 생산 대수를 결정할까?

첫 번째 이유는 자동차를 사는 사람은 고객이므로 고객이 살 대수만큼 만들면 된다는 사고방식 때문이다. 두 번째로는 **우리 일은 우리가 결정한다는 기업 문화를 소중히 하기 때문**이다. 판매 회사의 목표는 자신들이 직접 정하면 된다.

이처럼 시장의 요구에 맞춰 제품과 서비스를 제공한다는 사고방식이야말로 도요타 생산방식의 기본이다. 도요타의 궁극적 목표는 시장에서 고객 한 명에게 주문을 받으면 그 자동차를 라인에서 생산해 한 달 정도 후 고객에게 건네는 생산방식, 즉 한 대씩 만들어 납품하는 **궁극의 저스트 인 타임**을 실현하는 것이다.

이렇게 될 때 재고율 제로를 목표로 삼는 도요타 생산방식이 하나의 완성을 이루리라 생각한다.

아직 이러한 이상적 생산방식을 실현하는 데에는 이르지 못했지만 "시장 상황과 고객의 욕구를 고려하면 이만큼은 판매할 수 있다" 하고 최종 사용자와 직접 연결된 판매자가 시장에서 산출해낸 판매 대수를 생산 계획의 기초로 삼는 현재의 생산방식도 나는 이상에 가까운 단계로 인식하고 있다.

도요타가 이질적 회사가 된 계기

독자 여러분도 목표 설정 등을 비롯해 이제까지 소개한 도요타의 기업 문화가 전반적으로 타사와 매우 다르다고 느꼈을 것이다.

나는 2001년에 전일본자동차산업노동조합총연합회의 회장이 되었고 이듬해 2002년에는 일본노동조합총연합회의 부회장에 취임해 일본의 기업 문화 전반을 보고 들을 기회가 많았다. 이러한 경험으로 판단할 때 도요타의 기업 문화는 그중에서도 매우 **이질적**이라고 단언한다.

타사의 노동조합 관계자들에게도 "도요타는 기업으로서 생존 방식이 조금 다르네요" 하는 말을 자주 들었다.

이처럼 도요타는 외부에서 보기에 확실히 이질적인 기업이다.

그렇다면 이러한 이질성은 언제, 왜 생겼을까?

1950년에 있었던 대쟁의가 그 출발점이라고 생각한다. 대쟁의는 샤우프 권고나 도지 라인으로 불리는 연합국최고사령부(GHQ)에 의한 강력한 인플레이션 억제 대책을 계기로 일어났다. 그러나 모든 원인을 경영 환경의 급변 탓으로 돌리면 기업 경영은 성립하지 않는다.

대쟁의의 원인 중 하나는 분수에 맞지 않는 과도한 투자와 생산 확대였다. 여기에 대해서는 노사 모두 같은 의견이었다. 경영 환경이 좋아졌다고 기업이 우쭐했다가는 큰코다친다는 교훈을 직접 몸으로 겪었다.

계속되는 적자로 회사의 존속 자체가 위협 받는 상황에서 노동 조합이 오로지 자신들의 요구만 밀어붙이면 회사는 버텨내지 못한다. 회사가 극심한 위기 상황에 내몰리면 결국 고용 유지도 힘들어진다.

도요타 노동조합은 1,600명 인원 감축이라는 희생을 치르며 이를 배웠다. 이후 일방적으로 투쟁하는 노동조합이 아니라 **철저한 대화로 자신들의 요구를 인정받는 노동조합**이 되기로 활동 방침을 바꿨다.

바로 여기에서 **상호 신뢰**와 **수레의 양 바퀴**에 기초한 사고방식을 핵심으로 삼은 1962년의 **노사 선언**이 탄생했다.

한편 자금 면에서는 일본은행 나고야 지점의 도움을 받고 경영 환경 면에서는 한국전쟁 특수를 누리게 된 회사는 무리한 사업 확장을 통렬히 반성하고 견실한 경영을 추진해나갔다.

이때 견실한 경영의 연장선상에서 **노사 상호 신뢰**라는 핵심어가 탄생했다.

우리 성은 우리가 지킨다는 도요타의 자기부담주의

도요타 노동조합의 간부와 전 조합원이 노사 상호 신뢰와 수레의 양 바퀴 노선을 받아들여 오늘날까지 소중히 이어온 계기는 두 가지가 있다.

하나는 도요타의 실질적 창업자이자 1941년부터 1950년까지 제2대 사장을 지낸 도요타 기이치로가 1,600명 인원 감축에 대한 책임을 지고 사임한 일이다. 다른 하나는 당시 생산 담당 이사였던 도요타 에이지가(이후 1967년부터 1982년까지 제5대 사장을 지냈다) "서면은 무효라도 약속은 약속이 아닌가" 하고 임원회에서 조용히 던진 한마디다.

특히 도요타 에이지의 이 말은 당시 엄청난 찬사를 받지는 않았으나 조합원 한 사람 한 사람의 마음에 깊이 새겨져 지금도 사내에서 인구에 회자되고 있다.

조금 과장일지 몰라도 도요타 노동조합이 회사와 대립 관계에서 상호 신뢰 관계로 전환한 가장 큰 요인이 이 한마디에 있지 않았나 하는 생각도 해본다.

이 책에서도 여러 번 말했듯이 회사도 노사 상호 신뢰와 수레의 양 바퀴라는 사고방식을 소중히 여기며 여러 가지 면에서 노동조합을 신뢰하고 때로는 의지해왔다.

노사 상호 신뢰에 바탕을 둔 대쟁의의 교훈을 이어가는 데 앞장선 사람이 도요타 기이치로의 뒤를 이어 1950년부터 1961년까지 제3대 사장을 지낸 이시다 다이조다.

이시다 다이조는 1,600명 인원 감축과 도요타 기이치로의 사임을 불러온 경영 위기와 대쟁의에 대한 반성을 딛고 서 '우리 성(城)은 우리가 지킨다'는 신념으로 무차입 경영을 내세웠다.

무차입 경영의 방안으로 사내에 철저히 주문한 사항이 **불필요한 낭비의 배제**다.

이는 '불필요한 돈을 쓰지 않음으로써 내부 유보(기업의 순이익에서 세금, 배당금, 임원 상여 등을 뺀 나머지 금액으로 이를 통해 조달한 자금에는 이자나 배당금을 지급할 필요가 없어 기업에 유리하다—옮긴이)를 늘릴 수 있는 만큼 늘리자. 내부 유보가 늘면 은행에서 돈을 빌리지 않아도 된다. 우리가 벌어들인 돈, 즉 자기 부담 자금으로 설비 투자를 하고 생산력을 높이는 것이야말로 기업 본연의 자세다' 하는 사고방식이다.

도요타의 자기부담주의는 여기에서 출발한다. 당시 생산 담당 부사장이던 오노 다이이치가 이시다 다이조의 이러한 견해와 도요타 기이치로가 발안한 저스트 인 타임을 이어받아 체계화한 것이 바로 **도요타 생산방식**이다.

우리만의 길을 걸어갔더니 이질적인 회사가 되었다

이시다 다이조 사장 시절에 이뤄낸 무차입 경영은 그 후로도 도요타자동차공업에서 꾸준히 지켜져왔다. 다만 판매를 담당한 도요타자동차판매의 경우 무차입이 불가능했다.

도요타자동차공업에서 생산한 자동차는 공장을 나오자마자 도매업자인 도요타자동차판매에 현금으로 팔렸다. 도요타자동차판매는 이를 다시 판매 회사에 되팔았다. 이때 도요타자동차판매가 판매 회사에 대금을 빌려주는 형태가 되었는데 그 막대한 자금은 은행에서 빌리는 편이 합리적이었다.

하지만 도요타자동차공업과 도요타자동차판매가 합병해 도요타자동차가 된 후에는 도요타자동차판매가 맡았던 부문도 필연적으로 무차입 경영 노선에 편입되었다. 합병 전 도요타자동차판매의 금융 기능은 합병 후 도요타파이낸스를 설립하여 담당하게 되었다. 도요타파이낸스와의 관계도 있으므로 현재 도요타자동차가 무차입 상태에 있기는 힘들지만 **무차입을 지속적 경영 방침으로 내세우고 있다**는 사실에는 변함이 없다.

도요타 노동조합의 전임자가 된 지 10년 정도 지났을 때 도쿄에서 타사의 노동조합 관계자들과 만난 자리에서 도요타의 무차입 경영 방침에 대해 이런저런 말을 듣게 되었다.

특히 "기업이란 자고로 은행에서 돈을 빌리는 것도 중요하다. 그래야 은행도 제대로 기능하지 않겠는가" 같은 말을 많이 들었다. 풋내기인 내가 '기업의 상식'을 배울 좋은 기회였으나 사실 나는 '나고야와 도쿄는 사정이 아주 다르다'고 생각했다.

이시다 다이조가 무차입 경영을 표방한 이유는 불필요한 낭비가 없는 경영을 실현하기 위해서다. 이는 **도요타 생산방식의 사고방식과 통한다.** 나고야 출신으로 지금도 나고야에 사는 나로서는 낭비 없는 경영을 추구하는 도요타가 더 건전하다고 생각이 든다.

아이치 현 도요타 시에서 창업해 현재도 그곳에 본사를 두고 있는 도요타자동차는 같은 아이치 현의 가리야 시를 본거지로 삼는 도요타자동직기제작소에서 1937년에 자동차 제조 부문이 독립해 나오면서 탄생한 회사다. 도요타 시와 가리야 시는 모두 나고야 시에 인접해 있다. 참고로 내가 태어난 곳도 나고야 시에 인접한 오와리아사히 시다.

어쨌든 옛날의 미카와 지방, 즉 아이치 현 도요타 시를 본거지로 삼는 도요타자동차는 처음부터 도쿄를 본거지로 삼은 많은 대기업의 눈에 '역시 미카와인(미카와 지역은 일본 전국시대의 마지막 승자인 도쿠가와 이에야스의 근거지로 독특한 지방색 때문에 미카와주의라는 말이 생겨나기도 했다. 예로부터 미카와 지역 사람들은 치밀하고 완벽한 성격과 조직에 대한 강한 충성심으로 유명했다—옮긴이)이네' 같은 식으로 비쳤다.

도요타를 이질적인 회사로 보는 사람 중 몇 할은 이처럼 옛 미카와 지역 사람들에 대한 선입견이 있으리라 생각한다.

미카와인이 줄곧 미카와를 본거지로 삼는 것은 세계적 기업답지 않다는 목소리도 종종 듣는다. 그래서 때로 본사를 도쿄로 옮기자는 말이 나오기도 하지만 금세 흐지부지되기 일쑤다. 아무도 진심으로 도쿄 이전을 고려한 적은 없는 듯하다.

도요타가 본사의 도쿄 이전을 생각하지 않는 이유는 대부분 공장이 아이치 현에 있으며 그중에서도 본사의 공장을 비롯해 주요 7개 공장이 도요타 시에 집중돼 있고 다른 5개 공장도 도요타 시에서 가까운 곳에 있기 때문이다.

낭비 없는 경영을 추구하는 도요타에 본사와 제조 현장의 가까운 거리는 매우 중요하다.

재계 활동에 무관심했던 역대 사장들

도요타가 이질적인 회사로 인식된 이유가 한 가지 더 있다.

일본 자동차 제조사를 선도하는 위치에 있으면서도 제5대 사장까지는 **재계 활동에 거의 관심을 보이지 않았다**는 사실이다.

도요타자동차공업과 도요타자동차판매가 합병한 도요타자동차의 제6대 사장으로 취임한 도요타 쇼이치로가 구 경제단체연합회(현 일본경제단체연합회)의 제8대 회장에 오르는 등 재계 활동에 관여하기 전까지만 해도 역대 사장들은 재계 활동을 별로 중요하게 생각하지 않은 듯하다. 제5대 사장인 도요타 에이지는 "재계 활동은 도쿄에 본사가 있는 닛산(도요타, 혼다와 함께 일본 3대 자동차 제조사―옮긴이)에 맡겨두면 된다"고 주변에 거리낌 없이 말했을 정도다.

이런 태도 때문에 경쟁사인 다른 자동차 제조사는 물론이고 타 산업의 재계 구성원들조차 "도요타는 자기만 잘되면 그만인 회사다" 하고 비난의 목소리를 높였다.

우리 일은 우리가 결정한다는 기업 문화도 좋지만 자기 일 외에는 모르쇠로 일관하는 자세로는 진정한 선도 기업으로 나아갈 수 없다는 깨달음에 따라 제6대 사장인 도요타 쇼이치로 때부터 재계 활동에 본격적으로 나선 것으로 보인다.

사실 도요타 쇼이치로 전의 역대 사장들도 업계의 단체 활동에는 관심이 있었다. 그중 하나가 일본자동차공업협회(일본 자동차 제조사를 회원으로 하는 업계 단체로 규모 면에서 중요한 압력 단체이다―옮긴이)로 2년마다 닛산과 번갈아 회장을 맡아왔다(2000년에 들어와 혼다기연공업의 사장도 회장을 맡게 되었다).

이와 관련해 생각나는 일화가 있다. 내가 도요타에 입사한 이듬해인 1976년에 자동차 배출 가스 규제를 위한 국회 심의가 열렸다.

통칭 '머스키법(대기오염이 심각한 사회 문제로 대두하면서 1970년 12월에 미국 상원의원 에드먼드 머스키의 제안으로 성립된 미국의 대기오염 방지법―옮긴이)'으로 불리는 규제를 일본에서도 도입하기로 하면서 자동차 제조사는 매우 높은 수준의 배출 가스 규제를 강요받았다.

그때는 마침 도요타의 도요타 에이지 사장이 일본자동차공업협회 회장을 맡고 있었다.

일본자동차공업협회 회장 자격으로 국회에 불려간 도요타 에이지는 "(그렇게 높은 수준으로 배출 가스를 억제하는 것은) 할 수 없다!" 하고 딱 잘라 거절했다.

나중에 밝혀진 바로는 당시 도요타가 추구하던 방식으로는 비용이 많이 드는 데다 연비도 나빠져 **사용자를 위해서도 할 수 없**

다는 것이 도요타 에이지의 진의였던 모양이나 세간은 그렇게 받아들이지 않았다.

그런데 국회에서의 발언을 들은 혼다는 "할 수 있다!" 하고 반론했고 도요타의 촉매 방식(배출가스를 정화하는 촉매정화장치를 적용한 방식—옮긴이)과 다른 독자적 CVCC 방식(저연료소비와 저배기가스 배출 기술을 적용해 개발한 CVCC[Compound Vortex Controlled Combustion, 복합와류속도조절연소] 엔진을 적용한 방식으로 세계 최초로 머스키법 기준을 통과했다—옮긴이)을 개발했다.

결과적으로 그 후 도요타는 직접 개발한 방식(도요타 토털 클린 시스템[Toyota Total Clean System, 약칭 TTC]—옮긴이)으로 높은 규제 수준을 극복해 도요타의 방식이 배출 가스 저감 방식의 주류로 자리매김하게 되었다.

그러나 과거 국회에서 말한 할 수 없다는 발언으로 '도요타는 역시 자기만 생각하는 이기적인 회사다'라는 인식이 더욱 굳어진 것은 분명했다.

한편 할 수 있다고 재빨리 손을 든 혼다에 대해서는 "역시 대단해!"라며 주식이 오르는 등 시장의 평판이 높아졌다.

자랑스러운 이질적 회사·이질적 노동조합

은행에서 돈을 빌리지 않는다, 중앙의 재계 활동에도 필요 이상으로 관여하지 않는다, 불필요한 낭비를 하지 않는다. 이러한 경영 자세는 **도요타 생산방식의 근간을 이루는 '필요한 것을 필요한 때에 필요한 만큼' 한다는 정신에서 유래했다**고 말해도 좋다.

도요타는 도요타 생산방식과 이러한 경영 자세를 유지해온 결과 타사가 놀랄 만큼의 이익을 올렸으나 이런 자세야말로 타사에는 이질적인 기업 문화로 비친 것이 사실이다.

이러한 이질성을 주위에서는 '미카와 먼로주의'라든지 '미카와 시골회사'라고 빈정대기도 하지만 이는 모두 도요타가 세계 최고의 위치에 올라 꾸준히 높은 이익을 달성한 데 대한 시기심일 뿐이라는 생각을 지우기 힘들다.

참고로 미카와 먼로주의는 미국의 제5대 대통령 제임스 먼로가 제창한 상호 불간섭 등의 보호주의 정책에서 따온 말이다. 요컨대 "나도 남의 일에 간섭하지 않을 테니 내 일에 간섭하지 마" 하는 선언이다. 미국이 취한 이 정책이 제2차 세계대전의 방아쇠를 당겼다고도 알려져 있다.

이는 미국의 제45대 대통령인 도널드 트럼프가 취한 정책과도 비슷해 썩 유쾌하지 않다.

타사와 다른 도요타의 특징

- 수치상 목표 대신 행동 목표만

- '대립'이 아닌 '신뢰'를 기반으로 한 노사관계

- 불필요한 낭비를 철저히 배제
  (가이젠, 저스트 인 타임, 무차입 경영)

- 본사가 지방에 위치

- 재계 활동은 부차적

이질적이므로 도요타는 강하다.

한편 이질성은 도요타자동차공업 시절 노동조합의 활동에서도 찾아볼 수 있다.

예를 들어 노사 상호 신뢰라는 말로 대표되는 1962년의 노사 선언은 회사와의 대립 구도를 당연시한 당시 노동조합 운동의 흐름과 배치되었고, **파업을 전제로 하지 않는 노사 간 철저한 대화를 통한 문제 해결 방식**도 당시 타사의 노동조합과 비교하면 확실히 이질적이었다.

이렇듯 노사 상호 신뢰를 바탕으로 '**회사의 경영은 경영진에게 맡긴다. 노동조합은 근무 현장의 생산성 향상을 위해 노력하며 그 과정에서 발생한 문제에 전력으로 대처한다**' 하는 기본자세에 합의하고 이를 긍정적이고 적극적인 태도로 확실히 지켜나간 것도 도요타와 도요타 노동조합이기에 가능한 일이었다.

이를 직접 체험한 나는 도요타 직원이었던 사실을 자랑스럽게 생각하며 노사 관계와 노동조합 활동에도 자부심을 느낀다.

도요타 생산방식에 대한 오해를 푸는 활동

이처럼 이질적인 노사 관계에서 다른 노사는 생각지도 못한 노사 선언이 탄생했는데 당시로는 20년 이상 시대를 앞선 사고방식과 발상이었다.

20년 이상 시대를 앞서면 세상의 상식과 비교해 확실히 이질감이 느껴진다. 이는 도요타 생산방식에도 해당하는 이야기다.

앞에서도 말했듯이 도요타 생산방식은 세간의 평판이 매우 나쁜 생산 활동이었다. 특히 1973년에 도요타 공장을 무대로 한 소설《자동차 절망 공장: 어느 계절공의 일기》가 출간되어 화제를 모으면서 나쁜 평판이 최고조에 달했다.

1960년대 이후 고도 경제 성장과 함께 자동차 사회를 맞이하면서 자동차 회사는 어디든 좋은 실적을 보였다. 그중 도요타의 실적은 단연 으뜸으로 일본의 모든 기업 중에서도 최고의 이익을 올렸다.

이렇게 되면 세간의 시선은 점점 더 엄격해진다. 언론과 학자들은 "도요타의 높은 이익은 직원을 착취하는 도요타 생산방식의 결과다" 하는 논조로 도요타를 격렬히 비난했다.

이에 대해 회사는 '마음대로 생각하라지' 하는 태도로 세상을 향해 아무런 설명도 하지 않았다.

이도 무리는 아니었다. 미카와의 도요타는 원래 언론을 싫어하고 세간에 설명할 마음도 없거니와 조리 있게 설명할 세련된 말솜씨도 없었다.

이때 도요타 노동조합이 나섰다. 내가 입사하기 직전의 일이다.

도요타 노동조합 간부들은 "이대로 오해하도록 내버려 두면 안 된다. 우리 회사에 인재가 모여들지 않을 수 있다. 회사가 오해를 풀 의지가 없다면 우리가 나서자" 하고 들고일어나 **도요타 생산 방식을 홍보하고 올바른 이해를 확산하고자 노력했다.**

예를 들어 도요타 착취론을 강력히 주장한 도쿄대학 사회과학 연구소의 학자들과 교류하여 "도요타 생산방식은 **현장에서 일하는 직원들을 착취하는 활동이 아니라 반대로 직원들을 편안하게 하는 방법**입니다" 하고 끈기 있게 설명을 지속했다.

이러한 노동조합의 노력이 빛을 보면서 경영진도 차츰 사외 홍보의 필요성을 느꼈다. 그래서 제6대 사장인 도요타 쇼이치로 때부터는 업계 단체나 재계 활동은 물론 사회 공헌 활동에도 적극적으로 나서게 되었다.

이러한 흐름을 타고 도요타는 열린 회사로 기업 문화를 서서히 바꿔나갔다. 또한 시선을 일본 국내에서 세계로 넓히면서 전 세계가 도요타 생산방식을 인정하는 단계에 이르렀다.

회사와 노동조합은 세계 최고의 판매 대수라는 실적을 의식하기 시작했고 직원들은 세계 최고의 자동차 회사를 목표로 가이젠의 실천에 더욱 힘썼다. 이즈음부터 **가이젠은 세계 공통어**가 되었다.

도요타의 전통인 자기부담주의의 성립

도요타에 우리 일은 우리가 결정한다는 풍토가 생기고 동시에 경영 방침으로 자기부담주의를 전면에 내세우게 된 데는 사실 역사적 배경이 있다.

전후 도요타는 본격적으로 승용차 생산을 진행하기 위한 방안으로 미국의 자동차 회사인 포드사와 제휴를 모색하고 있었으나 자동차 운반이 원활히 이루어지지 않아 단념해야 했다.

포드사와의 제휴를 단념한 후로는 자동차 선진국의 힘을 빌리겠다는 발상을 버리고, 순수하게 일본의 기술만으로 순 일본제 승용차를 만들어 양산도 일본의 생산 기술로 진행하는 전략을 추진하기로 방향을 바꿨다.

결과적으로 이 결단이 현재의 도요타를 만든 출발점이 되었고 머지않아 도요타를 일본 자동차 업계의 선두 주자로 올라서게 했다. 이는 미국과 유럽의 기술을 빌려 일본제 승용차를 생산한 타사와 크게 차별화되는 부분이다.

이로써 **도요타의 자기부담주의**가 성립되었다. 자기부담주의의 출발은 도요타자동차 노동조합의 역사에서도 똑같이 찾아볼 수 있다.

도요타 노동조합은 종전 5개월 후인 1946년 1월에 결성된 '도요타자동차 고로모 노동조합'이 그 시초다(현재 도요타 본사가 위치한 도요타 시의 원래 명칭이 고로모 시다. 도요타자동차 공장이 들어서고 관련 산업이 성장하면서 1959년에 도요타 시로 변경했다─옮긴이). 이는 연합국최고사령부의 통치로 일본의 민주화가 진행되면서 전국적으로 노동조합이 결성되는 흐름을 타고 탄생했다. 1946년 초 일본 전국에서 1,500개 조합이 결성되었고 그해 말에는 10배가 넘는 1만 8,000개 조합이 결성되었다.

상부 단체인 산업별 노동조합도 잇따라 만들어져 1948년 4월 자동차 제조사 노동조합의 연합 단체인 전일본자동차산업노동조합의 결성과 함께 도요타자동차 고로모 노동조합은 '전일본자동차산업노동조합 도요타 고로모 분회'라는 명칭으로 변경되었다.

민주적으로 스스럼없이 대화하는 문화

도요타 노동조합은 결성과 동시에 앞으로의 활동을 결정짓는 두 가지 커다란 방침을 세웠다. 첫 번째는 앞에서도 다룬 공직일체로 결성한다는 원칙이다. 공(工)은 공장이나 공장 노동자로 블루칼라를 가리킨다. 직(職)은 사무·지원 부문의 직원으로 화이트칼라다.

미국과 유럽의 노동조합은 산업별 노동조합도 공직 분리로 조직을 결성해 활동한다. 당시 일본에서도 이를 모방하여 공직 분리로 조직을 결성한 곳이 적지 않았으나 전일본자동차산업노동조합을 비롯해 닛산, 이스즈 등 다른 자동차 회사도 모두 공직일체로 출발했다.

두 번째 방침은 노동조합 수뇌부의 세 간부인 위원장, 부위원장, 서기장을 대략 1기마다 교체하도록 한 것이다. 이는 민주적 운영을 유지하기 위해서인데, 당시 젊은 지도자들의 견식에 경의를 표한다.

이러한 생각은 다음 장에서 말할 **독재적인 대표를 만들지 않는 기업 풍토**와 통한다. 다만 노동조합이 결성되고 6기 정도가 되었을 무렵부터 활동의 계속성을 위해 재임하는 일이 많아졌다. 가장 긴 사례는 우메무라 시로 전 위원장으로 11년간 위원장 자리에 있었다.

회사 밖에서는 우메무라 시로를 카리스마 지도자로 보는 시선이 많았다. 그에게서 확실히 카리스마가 느껴지는 부분도 있었으나 절대로 독재적이지는 않았다. 회사나 노동조합 내부에서는 아무도 우메무라 시로를 카리스마 지도자라고 부르지 않았다.

그가 자리에서 물러날 때의 상황을 보더라도 카리스마 지도자라는 평가는 맞지 않아 보인다.

1986년 2월 전일본자동차산업노동조합총연합회 회장이던 시오지 이치로가 좋지 않은 소문으로 중도 퇴임한 뒤 회장 대행을 맡고 있던 우메무라 시로에게 "다음 대회에서 회장이 되어주시면 좋겠습니다"라는 요청이 있었다. 그러나 우메무라 시로는 "나는 그럴 만한 그릇이 아닙니다" 하고 바로 물러났다. 자기가 앞장서서 끌고 나가는 일에 매우 신중한 사람이었다.

어쨌든 도요타 노동조합은 결성할 당시에 젊은 지도자들이 정했던 민주적 운영 방침을 지금도 유지하고 있다.

초대 위원장이었던 에바타 도시오는 후에 이렇게 말했다.

"노동조합을 결성하고 한동안은 생산 부흥 투쟁이나 임금 투쟁에 열중했는데 투쟁 때마다 일이 뜻대로 되지 않으면 '넌 관둬, 다음에는 내가 할게' 하고 스스럼없이 말하곤 했어."

이처럼 스스럼없이 대화하는 풍토는 나름의 민주적인 운영 방식이었다. 이후 도요타 노동조합은 물론이고 도요타 그룹 전체에 **스스럼없이 대화하는 기업 문화로 깊숙이 스며들었다.**

이는 닛산 노동조합의 역사와 비교하면 확연히 차이를 느낄 수 있다. 닛산 노동조합에는 전후 노동조합 운동에 관심 있는 사람이라면 누구나 알 만한 카리스마 위원장 마스다 데쓰오가 있었다.

　마스다 데쓰오는 1950년부터 전일본자동차산업노동조합 위원장을 맡아 급진적 노동 운동을 펼치다가 1953년 닛산 투쟁에서 패배해 전일본자동차산업노동조합의 해산을 초래했다. 이후에 앞에서 말한 시오지 이치로라는 카리스마 지도자가 등장했다.

　대쟁의 시절에 도요타 노동조합의 부위원장이었고 그 후 위원장을 맡기도 한 이와미쓰 다쓰미는 당시의 노동 운동과 도요타 노동조합에 대해 이렇게 설명했다.

　"노동 운동이 한창 활발했을 당시에는 회사가 망해도 노동조합은 살아남을 것이라고 단언하는 사람들이 있었으나 우리 도요타 노동조합은 조합원의 생활을 유지하기 위해서는 먼저 회사가 제대로 운영되어야 한다고 생각했어. 그것을 어용 노조라고 비난하는 사람도 있었지만 우리는 경영자의 말대로 움직이는 노동조합이 절대로 아니라는 자신감과 그동안 쌓아온 업적이 있었으므로 전혀 개의치 않았어."

　이런 이야기는 다른 선배들에게서도 자주 들었다. 그때마다 나는 노동조합을 포함해 도요타라는 회사에는 **주변에 휘둘리지 않고 진정으로 우리 일은 우리가 결정한다는** 기업 문화가 있다고 절실히 느꼈다.

근무 방식이든 임금이든 우리 일은 우리가 결정한다

도요타에는 우리 일은 우리가 결정한다는 기업 문화가 생산 현장은 물론 사무·지원 부문에도 확실히 자리 잡고 있어 **자신의 근무 방식을 스스로 결정하겠다는 의식**이 강하다.

그렇다면 노동의 대가로 지급받는 임금에 대해서는 어떨까?

임금은 직원 한 사람 한 사람의 생활을 지탱하는 양식이므로 얼마나 받느냐는 매우 중요한 문제다. 그래서 직원들이 가능한 한 높은 임금을 받도록 다 함께 단결하여 회사와 교섭하기 위한 목적으로 결성된 조직이 다름 아닌 노동조합이다.

따라서 노동조합은 임금 인상 투쟁을 중심으로 활동하는데 잘 생각해보면 임금 인상 폭에만 열을 올릴 뿐 임금 제도 및 임금 체계에는 크게 관여하지 않는 노동조합이 많다. 다시 말해 애초에 직원 한 사람 한 사람의 월정액 급여(매월 받는 임금 총액에서 부정기적 급여나 기타 수당 등을 제외한 임금—옮긴이)가 어떻게 결정되고 이듬해 월정액 급여의 실수령액이 얼마나 될지까지 회사 측과 논의하지는 않는다.

사실 임금 제도는 인사 제도와 한 몸이므로 회사의 경영권에 속하는 영역이다. 제도 설계도 회사의 책임으로 이루어지고 노동조합이 의견을 내놓아도 설계에는 직접 관여하기 힘든 것이 노사 관계에서의 일반적 상식이다. 하지만 도요타 노동조합은 그런 상식에서 조금 벗어나 있었다.

❘ 연공서열식 임금 체계에 불만의 목소리가 터져 나오다

실제로 1980년대까지는 도요타 노동조합도 타사의 노동조합과 마찬가지로 임금 인상에 관한 교섭은 해도 개인 급여의 결정 방식, 이른바 임금 제도의 설계는 전적으로 회사에 위임했다. 1980년대는 고도 경제성장기가 끝나고 저성장 시대로 들어서던 시기였다.

시대의 변화는 임금 사정도 바꿔놓았다. 도요타뿐 아니라 어느 회사든 당시의 임금 제도가 시대와 맞지 않았다.

고도 경제성장기에는 회사 조직이 확대되어 직제상 관리직 수도 늘어났다. 전후 도요타는 줄곧 연공서열식 임금 체계를 유지해왔으므로 직제상 직위가 올라가면 필연적으로 월정액 급여도 늘었다.

하지만 저성장 시대에 들어서면서 조직이 확대되지 않아 관리직 수가 늘지 않았고 직제가 오르지 않으니 급여도 그대로였다. 그러자,

"이제 조장이 될 나이인데 이번에도 반장으로 남게 되면 어떡하지? 불공평한 거 아냐?"

"왜 저 사람이 계장이 되고 나는 평사원인 거야? 승진하지 못하는 이유가 대체 뭐냐고!"

같은 불만의 목소리가 여기저기서 터져 나왔다.

도요타를 포함한 대부분 회사의 승진, 승격 및 승급 체계에는 불투명한 면이 있었다. 그래서 불만의 목소리는 점점 커졌고 이것이 직원들의 의욕 저하로 이어졌다.

도요타 노동조합의 집행위원들은 이 문제를 정면으로 받아들여 고심했고 더는 그대로 내버려둘 수 없다고 판단했다. 투명하고 열린 임금 제도를 만들기 위해 서둘러 임금 제도를 공부하기 시작했다. 그리고 이제 막 집행위원이 된 내가 그 중심 역할을 짊어지게 되었다.

나는 꽤 오래전부터 '도요타의 임금 제도는 너무 폐쇄적이다. 좀 더 근대화하지 않으면 직원 한 사람 한 사람의 불만이 더 심해질지 모른다' 하는 문제의식을 느끼고 노동조합 내에서 이러한 논의를 적극적으로 진행하고 있었다.

▌직능 자격 제도의 도입을 목표로 하다

내가 구상한 임금 체계는 당시 많은 회사가 도입한 직능 자격 제도였다. 이미 잘 알고 있는 독자도 많으리라 생각한다.

간단히 말해서 직무 수행 능력을 등급별로 나눠 각 등급에 요구되는 능력 기준을 명확히 설정한 뒤 직원 한 사람 한 사람이 어떤 자격 등급에 해당하는지를 객관적으로 평가해 등급에 따라 직제와 급여(직능급)를 결정하는 제도다.

다시 말해 **직제가 오르지 않아도 직무 수행 능력에 따른 등급이 올라가면 급여도 오른다.**

이 제도의 도입을 염두에 두고 직능 자격 제도의 대가로 잘 알려진 구스다 규(일본의 관료이자 노동 문제 연구가—옮긴이) 선생의 세미나 '임금 관리사 양성 강좌'에 나흘간 홀로 참가하여 다각도로 공부했다.

구스다 규 선생의 교과서를 그대로 베끼기보다 도요타의 사정에 딱 맞는 임금 제도를 설계하기 위해 지혜를 짜냈다.

그 결과 내가 도요타다움을 고려해 생각해낸 임금 체계는 기본급을 숙련급, 직능급, 생산급의 세 기둥이 떠받치는 구조였다.

먼저 **숙련급**은 결과적으로 연령급에 가까우나 사전에 숙련도의 표준을 설정해 이에 따라 임금표를 작성한 뒤 상사가 개개인의 숙련도를 평가해 임금표에 따라 지급하는 급여다. 이때 처음 만든 임금표가 관건이었다.

전후 도요타가 줄곧 유지해온 연령급은 너무 단순해서 의욕 상승 효과를 기대하기 힘들었다. 하지만 숙련급을 도입하면 임금표에 따라 **승급을 가시화**해 직원 한 사람 한 사람의 의욕을 북돋는 효과로 이어지리라 기대했다.

직능급은 앞에서 말한 대로 직원 한 사람 한 사람의 직무 수행 능력에 따라 등급을 나눠 지급하는 급여로 이 임금 제도의 핵심이다.

생산급은 주로 생산 부문과 관련한 급여 항목으로 현장의 능률 향상과 직결한다. 능률이 오르면 생산급도 오른다. 물론 몇 백 엔 단위에 불과하나 도요타만의 독특한 제도다. 사무·기술 부문에서는 능률 향상의 평균치를 적용한다.

▌인사부와 꾸준히 논의해 설득하다

과연 회사는 임금 제도 개정안을 어떻게 받아들일까? 나는 먼저 노무과장을 찾아가 넌지시 의사를 타진해보았다. 다행히 노무과장은 개정안의 취지에 공감하여 "상부에는 내가 설득해볼 테니 정식으로 임금 제도 개정안을 제안해주게" 하고 적극적으로 받아들여 주었다.

어느 정도 승산이 있어 보였다. 당시 인사부는 경제 성장을 전제로 한 임금 제도에 한계를 느꼈고, 직원이 고령화되면서 고연령층의 임금 상승을 합리적으로 억제할 방안이 주요 과제로 떠오르고 있었다.

하지만 중요한 문제인데도 불구하고 회사가 적극적으로 움직이는 기색이 없었다. 그래서 나는 '노동조합이 구체적 제안을 하지 않으면 젊은 직원들이 갈수록 불안해하고 의욕도 저하될 것이 분명하다'는 위기감에 애태우고 있었다.

그런데 이 개정안에는 한 가지 애로 사항이 있었다. 안이 받아들여져 실행되기 시작하면 급여가 올라가는 사람과 내려가는 사람이 필연적으로 나온다. 그러면 급여가 내려간 사람은 의욕이 현저히 저하되므로 새로운 제도가 자리 잡기 전까지 일정 기간은 **급여가 내려간 사람에게 당면한 손실을 보전해줄 장치가 필요**했다. 이제까지는 기본적으로 내려갈 일이 없는 임금 제도였던 만큼 이러한 대책은 필수였다.

그리고 대책에 필요한 자금은 회사가 부담해야 했다. 바로 이것이 최대의 고민이었으나 여기에 대해서도 노무과장이 구원의 한마디를 해주었다.

"조합원 전원의 찬동을 얻어주면 자금 부담은 내가 책임지고 상부와 교섭하겠네. 조급해하지 말고 일단 노동조합 안에서 충분히 논의해주게."

그야말로 적확한 조언이었다. 노무과장과 나는 노동조합 안에서 전원 합의를 얻고 회사에 충실한 개정안을 제안하려면 적어도 1년의 준비 기간이 필요하다는 데 동의했다. 그리하여 즉시 노동조합 안에서 대화를 해나갔다.

▎전원 이해를 목표로 1년간 논의하다

임금 제도 개정안의 성패는 **직원 한 사람 한 사람의 이해**에 달려 있다. 이는 노동조합이 있든 없든 반드시 통과해야 하는 과정이다. 노동조합이 없는 회사는 각 부 및 그 아래 조직인 과, 계 등의 단위로 직원을 모아 직속 상사가 설명하거나 인사부가 돌아다니며 차례대로 설명한다. 그런데 그런 기회를 만들기가 쉽지 않거니와 전원이 이해할 때까지 충분히 설명하기도 여의치 않다.

그런 점에서 노동조합은 대화의 기회를 만들기가 수월하다. 특히 도요타 노동조합은 대화를 활동의 근간으로 삼고 있고, 임금 제도 개정안을 내놓은 것도 노동조합이므로 모두가 긍정적으로 인식하고 참여해준다는 이점이 있었다.

노무과장에게 1년의 준비 기간을 받은 나는 임금 담당 부위원장과 함께 직장위원과 평의원이 완전히 이해할 때까지 설명했고 직장회에서도 적극적으로 공부하도록 촉구했다.

직장위원뿐 아니라 집행위원도 꾸준히 애쓰도록 독려하기 위해 '힘이 나는 임금 제도'라고 이름 붙인 팸플릿을 제작해 전원에게 배포하기도 했다. 이러한 사전 준비 덕분에 직장회에서 이해하기가 더 쉽지 않았을까 하고 자화자찬해본다.

대략 1년이 지나 직장회를 토대로 전원의 이해를 얻었다고 확신한 우리는 평의회에서 임금 제도 개정안을 채택하기로 확정한 뒤 정식으로 회사에 제안했다.

▌회사의 수정을 가미해 새로운 제도를 시작하다

우리가 제안한 임금 제도 개정안은 노사협의회에서 세 차례 회의를 거쳐 회사의 수정안을 일부 받아들이기로 합의한 뒤 운용을 결정했다. 1990년 가을의 일이다.

급여가 내려간 직원에 대한 대책이 가장 큰 걱정거리였으나 노무과장이 보증한 대로 회사가 부담한다는 데 주저 없이 동의해주었다.

실제로 명목상 급여가 내려가는 직원이 40% 정도였는데 직원들에게 "5년의 조정 기간에는 급여가 내려가지 않으니 5년 동안 숙련급과 직능급의 등급을 올리도록 노력해주길 바랍니다" 하고 말하자 다들 안심하는 표정이었다.

참고로 5년의 조정 기간에 회사가 부담한 자금은 100억 엔 이상이었다고 추측한다.

이 100억 엔 이상의 자금은 시대에 맞지 않는 임금 제도를 바꾸기 위해 스스로 공부하며 개정안을 만들고 나아가 전 직원의 이해를 얻기 위해 1년에 걸쳐 끈기 있게 논의를 지속해온 도요타

회사의 경영에 해당하는 부분도 논의한다

일반적인 회사는

임금제도

경영 사항이므로
회사가 결정하겠다.

도요타에서는

새로운 임금제도

시대에 맞지 않는
임금 제도를 바꿔봅시다.

좋아, 그렇게 하지!
이행기의 조정금을
회사가 부담하겠네.

서로 신뢰하므로 직원이 회사의 체계를 바꿀 수 있다.

노동조합에 대한 포상이라고 생각한다.

임금 제도 개정으로 노사 상호 신뢰가 깊어지다

도요타처럼 노동조합이 임금 제도 개정을 주도한 사례를 타사에서는 찾아보기 힘들다. 이 역시 도요타의 이질성을 잘 보여준다고 할 수 있다.

도요타 직원들은 노동조합의 활동이든 직제상 업무든 **남에게 떠넘긴 채 모른 척하지 않는다.** 일반적으로는 회사가 해야 할 일도 **회사가 아무것도 하지 않으면 스스로 행동에 나선다.** 나는 이러한 도요타의 기업 문화와 사풍을 자랑스럽게 생각하며 후배들이 잘 이어주기를 바란다.

임금 제도를 개정하는 과정에서 있었던 일화를 소개하고 싶다. 어쩌면 회사로서는 밝히고 싶지 않은 후일담일지 모르겠지만 너그러이 이해해주리라 생각한다.

임금 제도 개정을 추진하면서 노동조합이 아무리 부탁해도 회사가 절대로 들어주지 않은 사항이 딱 하나 있었다. 직원 한 사람 한 사람의 임금 데이터를 자기 테이프(정보를 기록하기 위한 테이프 형식의 외부 기억 장치―옮긴이) 형태로 받고 싶다는 바람을 전달했으나 회사가 완강히 거절한 것이다. 직원 개개인의 인사 평가가 포함되어 있고 인사권과 관련된 사항이므로 공개할 수 없다는 것이 이유였다.

어쩔 수 없이 우리는 직원 한 사람 한 사람의 임금 데이터를 직접 모으기로 했다. 사실 노동조합에서는 매년 임금 인상을 타결한 다음 전 조합원에게 무기명으로 그해의 승급액을 적어 받는 앙케트를 실시하고 있었다.

새로운 임금 제도하에서도 같은 앙케트를 실시하기로 했으나 이번에는 종업원 코드를 적게 했다.

종업원 코드를 적게 한 것 때문에 응답률이 떨어지지 않을까 걱정하기도 했으나 예상외로 90%가 넘는 응답률을 보여 매우 정확한 임금 데이터를 확보했다. 이 앙케트를 3년 연속 실시하자 회사는 우리의 노력을 가상히 여겨 결국 임금 데이터를 빌려주었다.

그 결과 도요타 노사는 임금 제도에 관해서도 서로 솔직하게 협의할 수 있게 되었고, 매년 임금 인상 교섭이 더욱 원활히 이루어졌다.

도요타 노동조합은 회사에 일방적으로 요구하기만 하는 활동을 하지 않는다. **정정당당히 요구하기 위해 스스로 할 수 있는 노력을 다한다. 그러므로 노사 상호 신뢰가 더욱더 깊어진다.**

- 매출, 이익, 생산 대수 등 수치상 목표를 설정하지 않는다.

- 유일한 목표는 능률 향상과 원가 절감을 위한 행동 목표다.

- 우리 일은 우리가 결정한다는 기업 풍토가 있다.

- 이질적인 기업 문화 덕분에 강해질 수 있었다.

- 회사의 경영권에 속하는 사항도 논의를 통해 직원이 제도를 바꾼다.

대화가 훌륭한 지도자를 만든다

Toyota

창업자를 절대시하지 않는 사내 풍토

"도요타의 창업자는 누구인가?" 이 질문에 즉답할 수 있는 사람은 도요타 관계자 외에는 없지 않을까.

혼다의 혼다 소이치로(이 책에서는 도요타 집안을 포함해 경칭을 생략한다)나 파나소닉의 마쓰시타 고노스케 등 널리 알려진 창업자들에 비해 도요타의 창업자는 인지도가 낮다. 창업 후 성공담도 항간에 거의 알려지지 않았다.

도요타 직원은 당연히 도요타 기이치로라는 이름을 댈 수 있고 창업 과정에 대해서도 잘 알고 있다. 직원이라면 당연한 일이다. 하지만 도요타 직원이 자사 창업자에 대해 회사 밖에서 자랑스레

떠벌리는 일은 좀처럼 없다.

도요타에는 창업자 및 그 집안을 절대시하거나 필요 이상으로 추앙하는 풍토가 없다.

전후 일본에는 창업자 한 명이 사업을 시작해 남다른 능력으로 회사를 크게 일궈낸 성공담이 대소를 막론하고 우후죽순 생겨났다. 대기업 중에는 전쟁 전부터 운영해오던 사업을 전쟁 후 단번에 크게 번영시킨 예가 더 많을지 모른다. 도요타도 그런 기업 중 하나다.

도요타의 역사는 도요타 기이치로의 부친 도요타 사키치가 아이치 현 고로모 지방(현 도요타 시 고로모 초)에 도요타자동직기제작소를 설립한 것이 시초다. 1926년의 일이다.

도요타 기이치로는 이보다 조금 앞서 자동 직기 개발에 착수해 회사를 설립할 때는 상무이사로 취임했다.

설립 3년 후 도요타 기이치로는 자동 직기 기술을 응용한 자동차 제조에 높은 관심을 두고 미국과 유럽으로 장기 출장을 떠났다. 그곳에서 자동차 산업의 장래성을 확인한 뒤 일본에 돌아와 도요타자동차직기제작소 안에 자동차 부분을 신설해 일본산 자동차 제조에 몰두했다.

그리고 그 3년 후인 1937년에 자동차 부문을 독립시켜 도요타자동차공업주식회사를 설립했다. 이것이 현 도요타자동차주식회사의 출발점이다.

초대 사장은 도요타 기이치로의 매부인 도요타 리사부로였고, 도요타 기이치로는 부사장으로 취임했다. 다만 도요타 리사부로는 애초에 자동차 생산에 소극적이었으므로 독립 전에는 물론이고 독립 후에도 자동차 생산을 주도한 사람은 도요타 기이치로였다.

도요타 기이치로가 제2대 사장이면서 도요타자동차의 창업자로 인정받는 이유 중 하나가 여기에 있다.

오해가 없도록 강조하건대 도요타 직원이 창업자를 절대시하지 않는 이유가 제2대 사장이어서가 아니다. 추측이지만 도요타 기이치로는 창업자로서 자기중심적이거나 직원 위에 군림하려는 태도가 전혀 없는 인격의 소유자였으리라 생각한다.

이는 도요타 기이치로가 현장을 각별히 중시해 늘 현장에 머무르며 직원을 가족처럼 소중히 여겼다는 사실을 통해서도 알 수 있다.

본인도 자신을 창업자로 내세우기를 좋아하지 않았다. 직원들과 동등한 위치에서 수평적 관계로 다가가기를 신조로 삼았다.

그렇게 생각하면 대쟁의 때 단행한 1,600명 인원 감축은 뼈를 깎는 괴로운 결단이었으리라.

도요타 기이치로는 본받고 싶은 일본의 경영자 중 한 사람

대쟁의 때 사장이었던 도요타 기이치로는 직원의 3분의 1을 대량 해고한 데 대한 책임을 지고 임원 두 명과 함께 사임했다.

자동차 선진국의 손을 빌리지 않고 독자적으로 일본산 자동차를 만들어낸 창업자가 스스로 사장 자리를 내려놓은 것이다. 혼다의 혼다 소이치로와 파나소닉의 마쓰시타 고노스케, 소니의 공동 창업자 이부카 마사루와 모리타 아키오, 거대 유통업체 다이에의 창업자 나카우치 이사오가 스스로 물러나 사업을 다른 사람에게 맡겼다는 이야기로, 잘 생각해보면 도저히 있을 수 없는 일이다.

본론에서 조금 벗어나는 이야기지만 전전과 전후 일본의 창업자 중 가장 잘 알려진 기업인이 누구인지 인터넷 검색을 하다가 매우 흥미로운 사이트를 발견했다.

대학생 이용자를 위한 사이트였는데 그중 "본받고 싶은 일본의 저명한 경영인 10인"이라는 제목이 붙은 글이 있어 즉시 열어보았다. 예상한 대로 첫 번째가 혼다 소이치로, 두 번째가 마쓰시타 고노스케였고 예상 외로(실례지만……) 세 번째가 무려 도요타 기이치로였다. (출처: 대학생의 고민 해결을 위한 웹 매거진 〈Campus Magazine〉)

그 아래에는 "말할 것도 없이 일본의 자동차 산업을 전 세계에 알린 일본인 중 한 사람"이라는 설명이 붙어 있었다. 그야말로 말 그대로다.

참고로 글의 첫머리에는 "빼어난 경영 감각으로 일본을 이끌어온 혹은 현재도 이끌고 있는 인물"이라는 설명이 있었다. 아무튼 여담은 이쯤으로 해두자.

물론 도요타의 창업자인 도요타 기이치로도 본받고 싶은 일본의 경영인으로 꼽히기에 손색이 없지만, 나는 개인적으로 도요타 집안 출신의 경영인으로 내가 입사할 당시 제5대 사장이었던 도요타 에이지를 꼽고 싶다.

도요타 에이지는 제3대 사장인 이시다 다이조와 함께 사내외에서 도요타 중흥의 아버지로 불려왔다. 도요타 기이치로에 뒤지지 않는 일본의 명 경영인으로 이름을 올려도 좋을 인물이다.

도요타 에이지에 관한 인상 깊은 일화가 여러 개 있지만 그중에서도 생산 담당 이사 시절에 임원회에서 던진 "서면은 무효라도 약속은 약속이 아닌가"라는 한마디는 너무도 강렬해 다른 일화에 비할 바가 아니다.

이 한마디야말로 도요타가 노사 상호 신뢰를 쌓아올린 원점이자 나아가 세계 최고의 자동차 제조사로 나아가는 문을 연 계기

였기 때문이다.

도요타 에이지는 내가 도요타에 입사할 당시 사장이었지만 내가 노동조합 전임자가 되기 전에 도요타 기이치로의 장남 도요타 쇼이치로에게 사장 자리를 물려주었다. 안타깝게도 노사 협의 자리에서는 마주할 기회가 없었다.

상대를 존중하는 마음이 회사를 긍정적 방향으로 이끈다

나는 도요타 에이지를 명 경영인으로 꼽았으나 나에게 도요타 에이지를 숭배하느냐고 묻는다면 그런 대상으로 생각한 적은 없다. 도요타 기이치로에 대해서도 마찬가지다.

나뿐 아니라 대부분 도요타 직원은 **역대 사장 중 특정 인물을 추앙하거나 떠받들지 않는다.** 창업자 집안인 도요타 일가를 경외하는 마음도 없다.

한편 경영진에게서도 자신들에 대한 숭배를 강요하는 분위기는 찾기 힘들다. 도요타 일가라는 이유로 어깨에 힘을 잔뜩 주고 사내를 활보하는 사람도 없다.

창업할 당시의 도요타 기이치로처럼 늘 현장에 머무르며 직원들과 다정하게 대화하는 광경을 보기는 힘들지만 어떤 경영자든 직제와 관계없이 사내외에서 활약하는 모든 직원을 존중해왔고 지금도 그렇다고 확신한다.

이는 도요타 집안 출신 사장뿐 아니라 도요타의 역대 사장과 계열사 사장에 이르기까지 모두 마찬가지라고 다소 희망적인 관점에서 추측해본다.

내가 확신한다고 단언하는 이유는 다양한 노사 협의 자리에서 자신이 존중받고 있다는 사실을 실감했기 때문이다. 노사가 서로 상대를 공경하고 존중하면서 진솔하게 대화할 기회가 그간 얼마나 많았던가.

건설적인 대화를 할 수 있느냐의 여부는 서로가 상대를 얼마나 존중하느냐에 달려 있다. 전후 얼마간 노동 운동의 주력을 이루었던 많은 노동조합에는 그것이 없었다. 당시 투쟁에서는 "여차하면 우리가 경영권을 잡자" 같은 극단적인 발상과 철저한 대립 자세로 단체 교섭에 임해 일방적으로 요구를 쟁취하려는 사고방식이 퍼져 있었다.

도요타 노동조합이 그러한 투쟁 분위기와 선을 그었던 사실은 앞에서 말한 그대로다.

이는 도요타 노동조합의 모든 선배가 **상대를 적대시해서는 아무것도 이룰 수 없다**는 사실을 마음 깊은 곳에서 느끼고 있었기 때문이다. 여기에서 노사가 함께 건설적 자세를 도모하는 노사 선언이 탄생했고 상호 신뢰와 수레의 양 바퀴론을 중심으로 한 노사 관계가 성립되었다.

도요타 노동조합의 활동을 이처럼 건설적인 방향으로 이끌어 준 모든 선배에게 다시 한 번 경의를 표한다.

그렇다면 왜 도요타 노동조합이 상대를 존중하는 건설적인 대화를 중시하게 되었을까? 타사의 노동조합과 다른 점이 무엇일까?

한마디로 **창업자가 직원을 대하는 자세**에서 비롯되었다고 생각한다. 늘 현장에 나가 직원들과 스스럼없이 대화하고 때로는 현장 책임자와 허심탄회하게 논의한다.

수평적 대화와 거리낌 없이 속마음을 털어놓는 논의는 경영자와 직원의 거리를 좁힌다.

창업 직후 아직 기업 규모가 작을 때 사내에 늘 **편안한 분위기가 흐르면 회사 전체가 긍정적 활기를 띤다.** "우리 다 함께 세계 최고의 자동차 제조사를 향해 나아가자" 같은 **터무니없이 멀고 큰 목표도 진심으로 공유한다.** 경영자와 직원이 한마음으로 일에 매진한다.

모두가 동경하고 본받고 싶어 하는 성공담은 이러한 회사 풍토

도요타는 카리스마에 의존하지 않는다

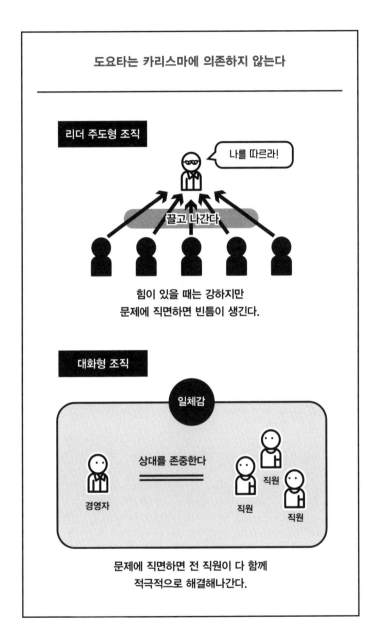

리더 주도형 조직

나를 따르라!

끌고 나간다

힘이 있을 때는 강하지만
문제에 직면하면 빈틈이 생긴다.

대화형 조직

일체감

상대를 존중한다

경영자

직원

직원

직원

문제에 직면하면 전 직원이 다 함께
적극적으로 해결해나간다.

에서 탄생한다.

회사가 작든 크든 상관없이 창업자와 그 후계자들이 어깨에 힘을 잔뜩 넣고 사내를 활보하거나 권력에 의한 억압과 괴롭힘을 일삼는 예는 지금도 얼마든지 있다. 일본에서든 해외에서든 그러한 예를 찾기가 어렵지 않다.

애초에 도요타는 그런 체질과 전혀 다른 풍토에서 출발했기에 이만큼 성장할 수 있었다.

회사 안에서 부정이 일어나는 이유

한창 이 책을 쓰는 중에 자동차 제조사가 일으킨 부정이 언론에 연이어 보도되었다. 산업별 노동조합 등 단체에서 함께 활동한 회사라고 생각하니 마음이 아팠다.

회사 이름과 함께 '부정'이라는 글자가 몇 번이나 신문 지면에 오르내렸으니 그것이 불러온 부정적 영향은 이루 말할 수 없을 정도였다. 도요타도 다카타제 에어백이 문제가 되어 리콜을 실시할 당시 지면을 떠들썩하게 했으나 그것은 도요타의 부정이 아니었으므로 큰 피해를 보지는 않았다(일본 다카타사에서 만든 에어백은 펼쳐질 때 안쪽에서 금속 파편이 튀는 결함으로 전 세계에서 20여 명의 사망자를 내 최악의 리콜 사태로 불린다. 2014년부터 진행한 다카타제 에어백의 리콜 대상 차량은 전 세계적으로 1억 대가 넘으며 다카타사는 10조 원의 빚을 떠안고 2017년에 결국 파산했다. 벤츠, BMW, 도요타, 혼다 등 다카타제 에어백을 장착한 20여 개 완성차 브랜드가 피해를 보았다 ―옮긴이).

회사의 부정과 관련한 보도는 자동차 제조사에 국한되지 않는다. 1990년대 이후 다른 산업의 기업에서 대표자와 임원이 나란히 머리를 숙이는 광경을 수도 없이 봐왔다.

다소 느닷없이 부정에 관한 이야기를 꺼내는 이유는 부정을 저지르는 직원은 대부분 자신을 지키려는 마음이 강해 부정을 저지르고, 그러한 **부정적 마음이 솟아나는 요인은 사내 풍토와 회사 내 분위기에 있다**는 사실을 말하고 싶어서다.

"상사에게 혼나기 싫은데, 말하지 않으면 모르겠지?"

"이 잘못에 대한 책임을 져야 한다면 앞으로 출세가 힘들지도 몰라."

"이 작업은 조금 생략해도 괜찮을 거야. 라인에 영향도 없을 테고."

이런 악마의 유혹에 넘어가면 해서는 안 될 일을 저지르게 된다. 요컨대 언제나 **상사의 안색을 살피며 일하므로** 잘못해도 상사에게 보고하지 않는다. 뒤에 숨어서 하지 말아야 할 일을 한다. '이건 좋지 않을 텐데' 하고 생각하면서도 손을 멈출 수가 없다…….

우발적이든 뭐든 일단 부정에 손을 대고 나면 사실관계를 앞뒤가 들어맞게 꾸미느라 그보다 더한 부정과 허위 보고를 거듭한다. 그리고 깨달았을 때는 되돌릴 수 없는 결과를 초래해 회사에 막대한 손해를 입히고 만다. 부정을 저지른 당사자도 회사에서 쫓겨나는 등 자신의 인생에 오점을 남긴다.

이러한 부정의 문제에서 다섯 번 '왜?'를 반복해 그 근본 원인을 찾다 보면 어느 회사에서든 **가장 마지막에는 대표자의 평소 마음가짐과 직원을 대하는 방식에 도달한다.** 대부분 회사에서 대표자의 마음가짐이 그 회사의 풍토와 분위기를 만드는 결정적 요인이기 때문이다.

나아가 '왜?'를 더 반복하면 **창업 당시 사장의 사고방식과 태도**에서 기원을 찾을 수 있다.

도요타의 창업자가 도요타 기이치로라는 명 경영인이라는 사실을 도요타 직원들과 퇴직한 선배들은 더욱더 자랑스러워해도 좋을 것이다. 또한 그 뒤를 이은 역대 사장과 임원들도 창업자의 근본에 뿌리내리고 있는 사상을 순조롭게 계승해왔다.

80년 남짓한 도요타의 역사에서 권위적인 경영자는 찾아보기 힘들다. 역대 모든 사장은 자신에 대한 비판을 겸허히 수용하는 자세를 보였고 다른 임원과 현장 관리자에게도 그러한 경영인으로서의 기본자세를 자연스럽게 전파해왔다.

부하에게 엄한 사람도 많았으나 그것이 억압하기 위해서가 아니라 **가이젠을 철저히 실천하도록 엄격히 지도하려는 의도**였다는 사실은 말할 필요도 없다.

도요타의 경영자에게 지나친 찬사를 보낸다고 생각할지 모르지만 도요타의 노사 간에 상호 신뢰가 생기고 그것이 뿌리내린 배경에 이러한 **대표자의 자세**가 있다는 사실을 꼭 기억해주길 바라는 마음으로 말했다.

이는 도요타가 세계 최고의 자동차 제조사가 된 배경이기도 하다. 즉 나는 **사장과 직원의 관계성이 회사의 전반적 역량에 큰 영향을 준다**고 확신한다.

도요타는 이러한 관계성을 노사 상호 신뢰라는 말로 표현하고 있을 뿐 일반적으로는 **사장과 직원의 신뢰 관계**로 바꿔 말하면 노동조합이 없는 회사를 포함해 모든 회사에 적용할 수 있다.

대표자와 직원의 관계성이 회사의 실적을 좌우한다.

왜 부정이 생기나

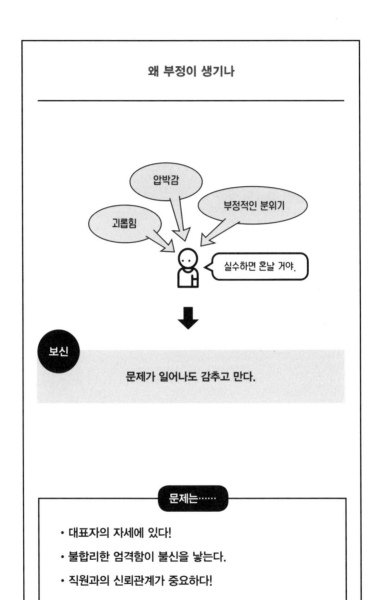

문제는……

- 대표자의 자세에 있다!
- 불합리한 엄격함이 불신을 낳는다.
- 직원과의 신뢰관계가 중요하다!

상사와 부하의 관계가 결과를 좌우한다

대표자와 직원의 관계는 각 부서나 근무 현장에서 관리자와 부하의 관계로 바꿔 말할 수 있다. 관리자가 부하를 신뢰하고 부하는 관리자를 신뢰한다. **이러한 관계성을 쌓으면 부서나 현장 전체의 역량이 저절로 올라간다.**

어려운 문제에 직면해도 구성원 전체의 힘, 즉 팀력(team力)으로 극복한다. 터무니없이 높은 목표라도 팀력으로 이루어낸다. **도요타가 세계 최고를 이루어냈듯이** 말이다.

반대의 경우는 어떨까?

부하가 상사를 신뢰하지 못하고 상사도 부하를 신뢰하지 못하는 관계성 안에서 높은 실적을 내기란 불가능하다. 높은 목표는 커녕 낮은 목표도 달성하기 힘들다. 부서의 목표든 개인의 목표든 마찬가지다.

그러한 **상호 불신의 관계에서는 상사의 괴롭힘이 발생하기 쉽고 부하들끼리는 서로 상처를 위로하며 불평만 주고받는다.**

여기서 끝이 아니다. **부정을 저지르는 것, 잘못에 대해 허위 보고하거나 아예 보고하지 않는 것이 가장 위험하다.** 상사 혹은 회사가 가장 두려워하는 문제가 여기에서 시작된다.

윗사람이 아랫사람의 비판을 용납하지 않거나 아랫사람을 수시로 억압하고 괴롭히는 분위기에서는 **실수해도 당연히 보고하고 싶지 않다.** 사소한 실수든 큰 실수든 침묵을 지키는 풍토가 만들어진다.

실수에 대해서만이 아니다. 부하는 어쨌든 상사와 대화하기 싫으므로 개선점을 제안하거나 의견을 제시하지 않는다. 일과 근무 환경을 개선하기 위한 아이디어가 떠올라도 말하지 않고 나아가 적극적으로 생각하기를 관둔 채 타성으로 일한다.

이는 **도요타의 가이젠 철학과 완전히 반대되는 태도다.** 반복해 말하지만 도요타의 사풍은 이러한 부정적 관계성을 지양하고 만약에 부정적 관계가 있더라도 어떠한 형태로든 그것을 물리칠 힘이 작용한다.

감정에 휘둘리지 않고 냉정하게 책임지는 자세가 중요

그렇다고 해도 도요타의 사장과 임원도 인간인지라 아랫사람의 의견에 감정적으로 반응할 때가 있다. 그와 관련한 일화를 두 가지 소개한다.

첫 번째는 2018년 도요타 노동조합의 춘투 단체 교섭(노사협의회)을 방청했던 한 직장위원장에게 들은 이야기다. 단체 교섭 때 사장과 임원이 약속한 시각이 지나도록 나타나지 않아 '이런 말도 안 되는 일이 있나' 하고 생각하던 차에 사장과 임원들이 회의장 안으로 들어왔다고 한다.

사장이 먼저 들어와 자리에 앉는 것이 관례로 이는 여느 때와 같았다.

하지만 지각은 이례적이었다. 내 경험상 노사협의회가 정시에 시작하지 않았던 적은 없다.

이때는 고작 5분 정도 늦었지만 5분이라도 늦는 일은 매우 이례적이었고 그대로 아무 일도 없었다는 듯 시작할 수는 없었다. 기다린 노조 측은 어떻게 반응할지 주시했다.

아니나 다를까 서기장이 사장을 향해 의연한 말투로 "시간이 5분 정도 지체되었습니다. 개시 시간은 지켜주시기 바랍니다" 하고 발언했다.

인사 담당 이사의 얼굴에 긴장의 빛이 스쳤고 다른 참석자도 얼어붙은 듯 얼굴이 굳어졌다. 사장은 어땠을까. 조금 불끈한 얼굴로 서기장을 노려보았다고 한다. 하지만 그렇다고 해서 서기장을 혼내거나 변명하지는 않았다. 당시 서기장에게 이 일에 관해 묻자 "이야, 사장이 엄청나게 노려보더라고" 하며 씩 웃었다. 나는 그 말을 듣고서야 조금 안심했다.

그도 그럴 것이 도요타의 사장과 임원이 **그런 일로 불쾌감을 표시한다면 직원으로부터 신뢰가 실추되는 것은 물론이고 리더 십도 땅에 떨어지고 만다.**

나중에 사장과 임원이 지각한 이유를 확인해보니 교섭을 위한 사전 협의 때문이었다고 한다. 그해 춘투에서 도요타는 종래와 다른 반응을 보여 언론의 비난을 받았다. 나는 도요타의 반응에만 주목하는 다른 노사를 향해 도요타가 일종의 문제를 제기한 것이라고 평가하고 있으나, 아마도 그런 방식을 둘러싸고 임원들 사이에서 의견이 갈리는 바람에 평소 노동조합이 하듯 철저한 논의를 거듭했는지도 모른다.

그건 그렇고 직원 8만 명을 거느린 도요타의 사장에게 5분 지각을 태연히 주의시킬 수 있는 사람이 또 있을까? 이 일화를 들으며 나는 '**노사 상호 신뢰를 기본으로 하는 대화의 전통은 여전히 계속되고 있구나**' 하고 생각했다.

사실 내가 서기장이던 시절에도 비슷한 일이 있었다. 그날도 노사 협의가 열리고 있었다. 조합원이 회사에 일과 근무 환경에 대한 고충을 호소하는 자리로, 노동조합으로서는 매우 중요한 협의였다.

그런데 근무 환경 실태를 절절히 호소하는 노동조합 집행위원을 앞에 두고 거의 시작부터 꾸벅꾸벅 졸고 있는 사람이 있었다. 회사 측의 상무급 임원이었다. 그 모습을 보고 서기장인 내가 가만히 있을 수는 없었다.

집행위원의 발언이 끝나면 주의를 주어야겠다고 생각해 발언할 내용을 미리 간단히 메모한 뒤 준비하고 있었다.

그런데 집행위원이 말을 끝내자마자 부집행위원장이 나보다 먼저 손을 들고 말했다.

"몸 상태가 안 좋은 분이 있는 듯합니다. 이런 중요한 협의 자리에는 부디 몸 상태를 잘 관리하시어 참석해주시면 감사하겠습니다."

과연 상대를 언짢게 하지 않으면서 명확히 의사를 전달하는 발언이었다. 나는 "오늘 협의의 중요성을 잘 인지하시고 귀를 기울여주시기 바랍니다" 하고 말할 생각이었는데……. 너무 직설적이어서 분위기를 얼어붙게 했을지도 모르겠다.

말하는 방식이야 아무래도 좋지만 중요한 점은 **대화 자리를 가볍게 생각하는 사람이 있으면 사장이든 상무든 확실하게 주의를 주어야 한다**는 사실이다. 나중에 들은 바로는 그날 그 임원이 해외 출장에서 막 돌아와 시차 적응을 하지 못했다고 하니 정상 참작의 여지가 있었다.

아랫사람에게 주의를 받은 사장과 상무가 진심으로 화내거나 주의를 준 사람을 처벌하거나 하는 일은 물론 없었다. **사장과 상무도 감정이 있는 인간이기는 하나 도요타의 사장과 상무로서 냉정함을 잃지 않았다.**

어떤 의미에서 두 사람 모두 도요타 사람다운 지도자였다.

고충을 호소하는 현장의 목소리에 눈물을 흘린 임원들

내 경험이든 전해 들은 이야기든 노사 협의에 얽힌 일화가 많지만 모두 **진정한 신뢰 관계가 뒷받침되지 않는다면 일어나기 힘든 일들**이다.

'진정한'이라는 수식어를 굳이 붙인 이유는 대부분 사람이 말하는 신뢰감이나 신뢰 관계가 본심과 전혀 다른 그럴듯한 원칙에 불과한 경우가 많기 때문이다.

대화는 참여하는 사람 모두가 진심을 이야기하지 않으면 결실을 보지 못하고 의미도 없다.

나는 많은 회사의 미팅이나 회의에서 상투적 발언이 너무 많다고 생각하는데 독자 여러분이 다니는 회사는 어떠한가?

도요타의 임직원은 노동조합의 논의에서는 물론이고 회사의 미팅과 회의에서도 대부분 본심을 말한다. 허울뿐인 의견을 냈다가는 그 즉시 "그건 너무 상투적이군" 하는 말이 날아든다.

모든 대화와 논의에서 늘 본심을 말한다고 단언하긴 힘들지만 아무런 실속 없는 형식적 회의가 통용되는 회사가 아니라는 것만은 확실하다. 이런 점에서도 도요타는 이질적이다.

이와 관련해 노사 협의에서 있었던 일이 생각난다. 도요타의 사장과 임원이 노사 협의에 진심으로 참여하고 있다는 사실을 증명하는 일화다.

사장과 전 임원이 참석한 노사 협의 자리에서 갑자기 한 지부장이 "의장!" 하고 손을 들어 발언 기회를 요청했다. 이것은 그리 드문 일이 아니다. 제3장에서 소개했듯 나 역시 노사 협의 자리에서 당돌하게 공장 화장실의 전면 보수를 호소한 적이 있다.

참고로 노동조합 내에서 논의할 때는 위원장이나 서기장이 "일단 참석한 분들은 하고 싶은 말이 있으면 언제든 자유롭게 발언해도 좋습니다" 하고 늘 모두에게 말하고 있다.

그렇다고 해도 사장을 포함한 전 임원이 모인 노사 협의 자리에서 과감히 발언하기는 어렵다. 매우 긴급하고 중요하다는 확신이 서야만 손을 들 용기가 솟는다. 그런 면에서 이때 지부장의 이야기에는 확실히 절박한 느낌이 있었고 발언할 필요가 있었다고 생각한다.

발언의 내용은 근무 현장과 관련된 문제였다.

"급증한 생산량을 현장의 체제가 쫓아가지 못해 다른 현장이나 관리자의 지원을 받아 필사적으로 극복하려 노력하고 있으나 이제 잔업과 임시 출근도 한계에 달했습니다. 하루는 업무 시작 약 30분 전에 공장에 들어갔는데 원래 작업을 직접 하지 않는 반장이 미리 출근해 작업자가 작업하기 편하도록 생산 라인 옆에 부품을 묵묵히 늘어놓고 있었습니다(30분이라는 시간은 아마도 잔업을 하지 않도록 배려한 시간이었을 것이다). 회사는 이러한 현장의 노력을 알고 있습니까?" 하는 발언이었다.

현장 직원들의 심정을 절절히 호소하는 지부장의 이야기는 모두에게 생생히 전달되었다. "우리는 필사적으로 노력하고 있습니다, 진심으로 개선해주길 바랍니다" 하는 호소에는 박력이 있었다.

지부장의 발언이 계속되는 가운데 회사 측의 분위기가 점점 변해갔다. 몇몇 임원이 손수건을 꺼내 눈가를 훔치기 시작했다.

노사 협의에 진심으로 참여하지 않고 그저 형식적으로 자리만 채우고 있었다면 눈물을 흘리는 일은 없었을 것이다. 이 광경을 지켜보며 나는 조금 놀랐지만 동시에 '바로 이것이 도요타의 노사 협의고 대화다. 사장과 전 임원이 진심으로 이 자리에 임해주고 있으며 우리도 진심으로 의견을 말하고 있다. 역시 우리 도요타다" 하는 생각에 가슴이 뜨거워졌다.

대화에는 긴장과 배려가 필요하다

회의에 지각하거나 다른 사람이 발언할 때 조는 행위는 받아들이기 힘들지만, 발언자의 이야기에 감동해 눈물을 흘리거나 생각에 잠기는 것은 대화에 진심으로 참여하고 있다는 증거다.

모든 참석자가 논의 주제를 진지하게 고민해본 뒤 참석해 상대의 이야기를 정면에서 들을 자세가 되어 있으면, 다른 사람의 의견에 진심으로 화내거나 감정이 격해지거나 감동하는 일이 당연히 있을 수 있다.

도요타의 노사 협의와 노동조합 내 논의나 직장의 미팅과 회의 등은 모두 이러한 분위기에서 진행되므로 **자연히 시간이 오래 걸린다.** 노동조합 내 대화가 특히 그렇다. 전 조합원이 진심으로 마음을 터놓고 대화하다 보면 '시간이 벌써 이렇게 됐나?' 하고 느낄 때가 많다. 밤을 새워 치열하게 논의한 적이 몇 번이었는지 모른다.

또한 도요타의 대화는 어떤 경우에도 지루하지 않다.

직장의 미팅과 회의, 노동조합 내의 일상적 대화에서는 가끔 긴장을 풀고 편하게 대화하는 시간도 있으나 위원장과 부위원장, 서기장 등 노동조합 간부가 참석하는 회의에서는 긴장을 내려놓을 틈이 거의 없다.

그중에서도 노사 간 논의 자리는 **시작 전부터 끝날 때까지 긴장감이 감돈다.** 회사의 장래와 직원 한 사람 한 사람의 생활, 나아가 인생이 걸려 있으니 당연하다. 회사 측과 노동조합 측이 모두 **개시 시간과 규칙, 석순 등을 철저히** 지키려는 것도 매우 자연스러운 일이다.

모든 대화가 마찬가지겠지만 **대화에는 어느 정도의 긴장감과 참석자에 대한 배려, 발언자에 대한 존중이 요구된다.**

도요타의 노사 간 대화에는 크건 작건 그러한 배려와 존중이 있다. 노사 간 대화는 서로가 활동의 근간으로 삼고 중요시하는 노사 상호 신뢰를 실감하는 자리다. 아니, 실감하는 자리여야 한다.

타사의 노동조합에서는 노사 협조라는 표현을 흔히 사용하나 협조와 상호 신뢰는 전혀 다른 사고방식이다. **단순한 협조나 협력 관계에서는 대화에 필요한 긴장감이 생기지 않는다.** 그보다 애초에 노사 관계에 기본적인 차이가 있다.

도요타 노사가 1962년에 체결한 노사 선언을 다시 확인해보자 (56쪽).

제2항에 다음과 같은 구절이 있다.

상호 이해와 상호 신뢰를 바탕으로 한 건전하고 공정한 노사 관계를 한층 발전시켜, 서로의 권리와 의무를 존중하고 노사 간의 평화와 안정을 꾀한다.

제3항에 다음과 같은 구절이 있다.

노사는 상대방의 입장을 이해하고 공통의 기반을 세워 생산성 향상과 성과 확대에 힘쓰며, (……) 회사는 기업 번영의 근원 이 사람에게 있다는 이해에 기초해 스스로 노동 조건의 유지 개선에 힘쓴다.

제2항에서 상호 신뢰 앞에 **상호 이해**라는 말을 넣어 명목뿐인 선언에 그치지 않고 진정성을 담으려 한 노력이 엿보인다.

제3항의 "노사는 상대방의 입장을 이해하고 공통의 기반을 세워"라는 구절에서는 **서로가 평소 상대의 활동과 발언에 깊은 관심을 두고 존중하며 상호 이해하고 협력하는 것이 중요하다**고 강조하고 있다.

문제는 노사 선언을 제대로 실현하고 있는지, 단순히 명목상 선언에 그치고 있지 않은지인데 내 관점에서는 훌륭히 실현하고 있다고 단언한다.

노사 양측의 역대 대표자와 간부 및 임원은 노사 선언의 내용을 제대로 이해하고 진심으로 받아들여 소중히 해왔다.

근무 현장의 상사와 부하 간에도 신뢰가 뿌리내리다

노사 상호 신뢰는 필연적으로 근무 현장에도 깊숙이 침투해 있다. 도요타의 모든 근무 현장에서 **상사와 부하 간 관계는 긍정적이고 건설적이다.**

도요타에서는 직원이 위축되어 조심스러워하거나 부정적 생각에 빠져 있는 모습을 거의 보기 힘들다. 앞에서 여러 번 밝혔듯이 나는 입사 후 8년간 법무팀에서 일했는데 그때 내 상사와 상호 신뢰 관계에 있었다고 자신한다.

상사가 나를 비롯한 부하 직원을 권위로 억누르거나 노동 할당량을 달성하라고 압박하는 일은 전혀 없었다.

하지만 타사에 흔히 있는 매출이나 이익 목표를 달성하라는 압박은 없어도 **가이젠에 대한 압박은 있다.**

그중 하나가 창의연구 제안제도에 대한 할당량이다. 할당량이라고 해도 상사의 괴롭힘이 발생할 정도로 위압적인 목표치는 아니나 며칠 혹은 몇 개월간 제안이 하나도 없으면 스스로 압박을 느낄 수밖에 없다.

물론 상사는 제안이 없다는 사실을 파악하고 있으므로 상사에게 격려를 받기는 해도 이는 괴롭힘과 거리가 멀다. 그보다는 현재의 임금 제도 아래에서는 제안이 없으면 평가가 내려가므로 임금에 다소간 영향을 받는다.

따라서 직원은 필사적으로 가이젠 대상을 찾는다. 이때 직원의 머릿속을 지배하는 것은 **능률 향상과 원가 절감**이라는 두 단어다. 직원은 이 두 단어에 압박을 느끼고 때로는 상사에게 "요즘 전혀 제안이 없는데 어떻게 된 일인가요?" 하고 불려 가기도 한다.

불려 간 자리에서 상사와 부하는 진지하게 대화한다. 상사가 가볍게 격려하는 정도에서 끝나기도 하지만 서로 솔직하게 마주해 "요즘 무슨 일 있나요? 뭔가 걱정거리라도 있는 건가?" 하고 제안을 생각해내지 못하는 배경을 **함께 생각하며 고민을 나누기도 한다.**

이처럼 도요타의 근무 현장에서 당연히 볼 수 있는 광경은 상사가 부하를 몰아세우는 장면이 아니다. **상사와 부하가 함께 생각하는 모습**이다.

함께 생각하는 데 익숙해진 직원들은 상사에게 보고해야 할 일을 보고하지 않거나 허위로 보고하는 일은 생각조차 하지 않는다. 왜 생각조차 하지 않느냐 하면 상사와 부하 사이에 신뢰감이 뿌리내리고 있기 때문이다. 이는 노사 상호 신뢰라는 근본이념이 근무 현장의 구석구석까지 깊이 스며들어 있다는 증거다.

상사와 부하 간 상호 신뢰를 확립하는 현장 지도

상호 신뢰가 근무 현장에 깊숙이 침투해 있다는 사실을 보여주는 대표적 예는 제1장에서 소개한 생산 라인 옆에 있는 줄이다.

현장을 처음 경험하는 신입 사원은 누구나 놀라는 일로, 언제든 생산 라인 옆에 있는 줄을 당겨도 좋다는 반장의 지도에 따라 전 직원이 태연하게 또는 거리낌 없이 줄을 당겨 라인을 멈춘다.

처음에는 누구나 주저하며 줄을 당긴다. 나도 현장 실습 때 줄을 당긴 적이 있는데 역시나 잔뜩 겁을 먹었다. 줄을 당기자마자 라인이 정지한다고 하니 어찌 두렵지 않겠는가. 실제로 줄을 당겨 라인이 멈췄을 때는 가슴이 쿵쾅쿵쾅 뛰었다. "무슨 일이야?" 하며 생글생글 웃으며 달려오는 반장의 얼굴을 보고서야 비로소 안심했다.

줄을 당기는 사람은 자신이 무언가 실수를 범했거나 있어서는 안 되는 이상을 발견했을 때만 줄을 당긴다. 신입 사원이 처음으로 줄을 당겼는데 반장이 도끼눈을 뜨고 달려와 "너 지금 뭐 하는 거야!" 하고 큰소리치거나 심하게 질책하면 어떨까?

아마도 그 신입 사원은 두 번 다시 줄을 당기지 않을 것이다. 줄을 당기지 않는다는 말은 자신이 저지른 실수나 발견한 이상을 보고하지 않고 지나친다는 의미다. 도요타 생산방식에서 **못 본 척 지나치는 행위는 큰 죄**일 뿐 아니라 절대로 하지 말도록 반장에게 엄격히 교육받는 사항이다.

앞에서 말했듯이 사무·지원 등 간접 부문의 직원도 예외 없이 현장 실습을 경험하며 이러한 지도를 받는다. 그리고 대부분 직원이 줄을 당겨 라인을 멈춘다.

이를 통해 현장 직원과 간접 부문의 모든 직원이 **문제가 있으면 즉시 보고하고 문제 해결을 위해 다 함께 생각한다는 태도를 밑바탕에 확립한다.**

이와 동시에 할당량처럼 부과된 창의연구 제안제도를 통해 스스로 생각하는 습관을 몸에 익힌다. 다시 말해 **함께 생각하기와 스스로 생각하기가 균형을 이루어 가이젠 철학이 자연스럽게 스며드는 구조다.**

평소 근무 현장에서 이를 반복하면서 '가이젠하자. 현재 상황을 그대로 두면 내가 이 일을 담당하는 의미가 없다' 하는 사고방식이 단단히 자리 잡는다.

사소한 일이라도 진지하게 대화하는 데 의미가 있다

도요타 노동조합도 직원(조합원) 한 사람 한 사람이 이러한 사고방식을 깊이 받아들이도록 협력하고 있다.

이를 위해 도요타 노동조합은 철저한 대화를 주요 수단으로 삼는다. 직장위원 등은 직장회를 비롯해 직장의 대화에서 수집한 다양한 문제를 노동조합에 보고한다.

"어쨌든 문제를 발견하면 보고해야 한다." "망설이거나 숨기려고 해서는 절대로 안 된다." 도요타 노동조합은 문제가 뭐든 늘 입이 닳도록 강조하고 있다. 정말 사소한 문제부터 큰 문제까지 직장에서 날마다 다종다양한 보고가 올라온다.

때로는 문제라기보다 주관적인 불평불만에 가까운 사항도 있지만 상관없다.

'그냥 내 주관일 뿐이니까'라며 보고하지 않고 참는 것이 훨씬 나쁘다. 자기 판단으로 보고 보고하지 않고 내버려 두면 근무 현장을 가이젠할 중요한 기회를 놓칠 수 있다.

개인적 불평불만이냐 현장의 공통된 문제냐는 **대화 자리**에서 판단한다. 그러므로 직장에서 노동조합으로 보고된 문제는 무엇이든 함께 생각할 대화의 주제가 된다.

그중에는 정말 아무래도 좋은 사항도 있다. 그래도 한 번씩은 함께 생각하는 시간을 갖고 진지하게 고민해 의견을 나눈다. 그러다 보면 아무래도 좋다고 생각했던 사항에 대해서도 **"그건 나도 그렇게 느꼈어. 절대로 사소한 문제가 아니야"** 하는 목소리가 나오기도 한다.

그 결과 "그래, 그렇다면 이 건은 무시할 수 없으니 제대로 검토해보자" 하는 식으로 흘러가는 일도 적지 않다.

일례로 직원 식당에 관한 불만과 요구가 있다. "식자재가 좋지 않다." "음식이 너무 짜니 소금을 적게 쓰면 좋겠다." "반찬 가짓수가 너무 적다." 이 외에 다양한 의견이 있을 수 있다.

노동조합의 대화 자리에서는 "그런 일까지 논의해야 하는가", "식당 직원에게 직접 말하면 되지 않느냐" 하는 불만의 목소리도 높지만 이런 불만은 대부분 기각되고 도리어 비판받는다.

실제로 내가 집행위원이나 간부를 할 때도 식당에 관한 불만은 여러 차례 제기되었다. 그때마다 나는 모두에게 이렇게 말했다.

"이 불만은 당사자에게는 중요한 문제입니다. 식사는 인간으로서 누려야 할 매일의 즐거움 중 하나이며, 점심시간을 즐겁게 보낼지는 물론 오후 업무의 능률 향상에도 영향을 줍니다. 가볍게 넘기지 말고 진지하게 생각해볼 필요가 있습니다."

단지 입으로만 말한 것이 아니라 집행부로서 진심으로 중요한 문제라는 인식하에 착실히 다루었다. 타사의 직원 식당을 견학하면서 점심 식사 제도를 자세히 조사하고 연구해 식당의 가이젠에 착수했다.

그렇게 가이젠한 결과 직원 식당을 카페테리아식(개인의 취향에 따라 차려놓은 요리를 선택하는 셀프서비스 방식—옮긴이)으로 변경했고 이로써 식당에 관한 불만은 대부분 사라졌다.

기껏해야 식사가 아니냐고 할지 모르겠지만 생각해보면 식사만큼 중요한 문제도 없다. **직원에게는 대충 넘길 일이 절대로 아니다.**

회사와 노동조합은 직원의 목소리라면 종류와 중요도를 막론하고 진지하게 받아들여야 한다. **어떤 의견이든 진지하게 받아들여 논의하는 자세를 보여주어야 정작 중요한 문제를 놓치지 않을 수 있다.** 직원의 진심을 들으려면 모든 의견에 귀 기울여야 한다.

도요타는 이런 생각을 바탕으로 거의 모든 문제를 대화의 주제로 삼아 견실하게 대응책을 마련하고 실행해왔다.

진심을 담은 대화가 훌륭한 지도자를 기른다

도요타에서는 문제의 대소를 막론하고 근무 현장에서든 노동조합에서든 **본심으로 마주해 진지하게 대화한다.** 진지하지 않은 사람은 대화에 참여하기 힘든 분위기마저 있다.

특히 노동조합의 대화는 그런 분위기가 강해서 논의가 길어지다 보면 참가자들의 집중력이 떨어지기 쉽다. 집중력이 떨어지면 진지하게 임하려는 의지도 약해지고 '언제 끝날까?' 하는 생각만 머릿속에 가득해진다.

논의를 진행하는 의장은 참가자들의 집중력이 떨어졌다는 사실을 눈치채고 잠시 화장실에 다녀오도록 쉬는 시간을 주기도 하는데 그 정도로는 집중력을 회복하기가 쉽지 않다.

이때 진행자는 **의욕을 북돋아주는** 역할도 맡는다.

예를 들어 "자, 이제 조금만 더 힘냅시다. 여기에 있는 전원이 이해하여 이 문제를 해결하면 지금보다 훨씬 일하기가 수월해지고 능률도 오를 것입니다" 같은 응원과 격려의 말을 해준다. 또는 긍정적 잡담이나 농담을 주고받으며 분위기를 전환하려는 노력도 한다. 이때 잡담이나 농담은 참가자들의 평소 관심사와 고민, 꿈, 문제의식 등을 정확히 파악해야 빗나가지 않고 제대로 의욕을 자극할 수 있다.

빗나가지 않게 핵심을 잘 짚어내려면 **평소 참가자들과 대화할 기회를 자주 만들어 무슨 생각을 하고 어떤 고민이 있고 꿈은 무엇인지 등을 미리 파악해두어야 한다.** 다시 말해 긴 시간 동안 진지하게 논의하며 함께 노력하려면 평소에 참가자 한 사람

한 사람과 일대일로 마주하고 이야기할 기회를 많이 가질 필요가 있다.

근무 환경이 활기 넘치고 모두가 긍정적 태도를 유지하려면 어쨌든 **진심으로 마음을 터놓고 대화하는 것이 중요하다.**

밀도 높은 대화를 반복하면 상대의 마음을 점점 더 잘 이해하게 된다. 논의의 진행자나 의장 역할을 경험하면 가장 좋겠지만 대화에 반복해서 참여하기만 해도 이해가 깊어진다. 단 누차 강조하건대 **진심으로 솔직하게 대화한다**는 조건이 대전제다.

사실 회사도 이를 잘 알고 있다. 회사는 노동조합에서 진지한 대화를 경험하고 근무 현장에 돌아온 직원이 이제까지 시야를 가리던 꺼풀을 하나둘 벗어내고 자신보다 남을 더 배려하는 사람, 상대의 생각과 마음을 존중하는 사람이 되어간다는 사실을 인정한다.

노동조합 전임자가 되면 노사 협의 등에서 경영진과 대등하게 대화할 기회가 많아진다. 그런 자리에서 회사 측의 사장과 임원들을 상대로 당당히 발언하다 보면 **과장에서 부장 나아가 임원이 될 정도의 역량과 인간적인 도량까지 갖추게 된다.**

많은 회사에서 노동조합을 출세 코스로 여기고는 한다. 특히 은행, 보험사, 상사 등에 그런 예가 많은데 도요타에서는 아직 그런 인식이 없다.

노동조합 안에서 대화로 단련해 **직원으로서 역량을 높인 뒤 근무 현장에 돌아가 활약하면서 자연스럽게 출세할 뿐이다.**

다만 근무 현장에 돌아가 활약하려면 회사가 이를 기분 좋게 받아준다는 조건이 절대적이다. 도요타는 노동 협약에 '노동조합 전임자가 활동을 종료하면 출신 부서로 돌아간다'는 취지의 조항을 명기하고 있다.

왜 이런 조항이 있을까? 도요타 노사에 역사상 오점이라 부를 만한 사건이 있었기 때문이다.

구체적으로 말하면 회사가 눈엣가시로 여길 만큼 노동조합 활동을 활발히 하던 집행위원이 회사로 복귀하려고 하자 원래 있던 부서에서 필요 없다며 거절한 일이 있었다. 이런 일이 관례로 굳어지면 마음 편히 노동조합 활동을 할 직원이 누가 있겠는가? 이는 앞에서 말한 직원으로서의 인간적인 도약도 기대하기 힘들다는 의미다.

그래서 당시 위원장이던 우메무라 시로는 1974년에 새로운 노동 협약을 제정하면서 모든 조합원이 후환 없이 노동조합 활동을 할 수 있도록 이 조문을 넣었다.

지도자는 대화 속에서 성장한다

오랜 시간 계속된 대화에서 참가자의 집중력을 유지하려면

그 자리의 분위기를 파악해 의욕을 자극한다.

긍정적인 대화 분위기를 조성하려면

평소에 자주 일대일로 대화하며 생각을 파악해둔다.

참가자가 본심을 이야기하게 하려면

모든 의견에 귀 기울이며 부정하거나 억누르지 않는다.

밀도 높은 대화를 계속하는 사이
훌륭한 지도자의 능력을 꽃피운다!

도요타에는 카리스마 지도자가 등장하지 않는다

우메무라 시로를 노동조합의 카리스마 지도자로 생각하는 사람이 많지만 실제로 본인을 비롯한 주위 사람들은 그렇게 인식하지 않는다는 사실을 앞에서도 이야기했다.

카리스마에는 넓은 의미가 있다. 그중 절대적 권력자라는 의미로 흔히 사용하곤 하는데 우메무라 시로는 그와 전혀 반대되는 인물이다. 그보다는 '많은 사람의 마음을 끌어당겨 집중하게 하는 매력을 지닌 사람'이라고 이해하면 딱 그대로다.

애초에 도요타에는 **절대적 권력자에 해당하는 지도자가 등장하지 않는다.** 이는 회사와 노동조합 모두 마찬가지다.

여러 번 말했지만 도요타 직원은 스스로 생각하고 판단하는 데 익숙하다. 이런 풍토가 정착된 조직과 집단에는 카리스마 지도자가 등장하지 않는 법이다.

반대로 **스스로 생각하는 데 서툴거나 스스로 생각하기를 귀찮아 하는 사람만 있는 조직과 집단에는 카리스마 지도자가 등장하기 쉽다.**

특히 요즘 같은 다양화 시대에는 '이렇게 하면 저렇게 되겠지' 하고 매번 일일이 생각하기가 번거롭게 느껴진다. 게다가 생각

카리스마 지도자는 주변 사람들이 만든다

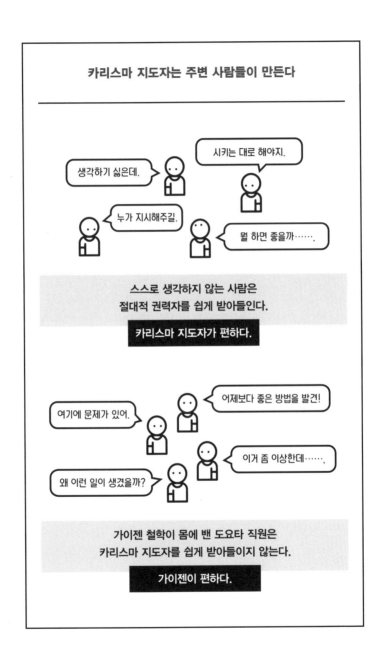

해도 잘 이해하기 힘든 일이 많아지면 점점 생각하기를 포기하게 된다.

이때 카리스마 지도자가 등장하면 '(스스로 생각하고 노력하기보다) 이 사람 옆에 딱 붙어 있으면 행복해질 거야', '이 사람 말만 믿으면 매일매일 편안하게 보낼 수 있어' 같은 식으로 한 사람의 인격에 전적으로 의지해버린다. 그러는 편이 훨씬 편하다고 믿기 때문이다.

회사든 스포츠팀이든 국가든 독재자는 이런 풍토에서 탄생한다. 도요타 사내에는 그런 풍토가 없다. 따라서 독재적인 카리스마 지도자도 등장하지 않는다.

말하는 김에 덧붙이면, 스스로 생각하지 않고 뭐든지 스마트폰에만 의존하는 현대인도 매한가지로 이들의 인생이 스마트폰에서 얻은 인터넷 정보에 지배당하는 건 아닐지 매우 우려스럽다.

충분히 논의하게 하는 지도자가 인심을 얻는다

카리스마 지도자가 관여하는 회의는 지도자의 의도대로 진행되고 지도자의 뜻에 따라 결론지어진다. 대화나 회의라고 부르긴 하나 실제로는 지도자의 의사를 전달하는 자리인 것이다.

지도층의 사고방식을 직원들에게 이해시키는 효과도 있어서 이러한 회의를 전면 부정할 생각은 없지만, 적어도 '모두가 자신의 의사로 자신의 생각을 말하는 대화'와는 거리가 멀다는 사실은 분명하다.

우메무라 시로는 이러한 상명하복식 대화를 싫어해 이를 용납하지 않는 풍토를 만들고 정착시켰다.

풍토는 어쩌다가 막연히 만들어지는 것이 아니다. 제도와 규칙 위에 명확한 체계를 세워가는 일이다. **구성원이 그 체계의 의도를 충분히 이해하면 풍토는 조직 전체에 정착된다.**

도요타 노동조합에서는 중요한 회의에서 노동조합 수뇌부의 세 간부인 위원장, 부위원장, 서기장이 아니라 기획홍보국장이 의장이 되어 회의를 이끌도록 한 규칙이 상명하복식 대화를 피하는 데 매우 효과적이었다(90쪽).

기획홍보국장은 조직의 위계로 보면 세 간부의 아래에 위치한다. 당연히 세 간부의 권한이 압도적으로 크다. 그럼에도 불구하고 기획홍보국장은 자신이 이끄는 회의에서 의사 진행 방식과 결론을 내리는 방식을 스스로 결정할 권한이 있다.

그러므로 회의가 빨리 끝날지 길어질지는 기획홍보국장의 지휘에 달려 있다. 예를 들어 위원장이 "이제 슬슬 결론을 내릴까요” 하고 큰 목소리를 내도 의장이 이를 물리칠 수 있다.

나도 기획홍보국장으로서 의장을 맡아봤지만 위원장의 의견이라고 해서 물리치기를 주저하는 의장은 없다. 회의 자리에서는 기획홍보국장에게 가장 큰 권한이 있으므로 그 나름의 마음가짐으로 의사 진행을 하도록 지도받는다.

타사에서도 회의할 때 부장이나 과장이 의장을 맡고 직제상 높은 지위에 있는 관리직이나 임원이 동석하는 일이 있을 것이다. 이때 대부분 의장이 자신보다 높은 지위에 있는 사람의 안색을 살피면서 머뭇거리는 태도로 의사 진행을 하는 예가 적지 않으리라 생각한다.

그러다가 한 임원이 “이쯤에서 결론을 내려도 좋겠군” 하고 끼어들면 “예” 하고 고분고분 마무리 짓는 일도 있을 것이다.

도요타 노동조합의 의장은 그렇게 한심하지 않을뿐더러 애초에 위에서도 개입하지 않는다. 한심한 의장이 있다고 해도, 안타깝지만 **'이 사람은 좋은 지도자가 되긴 힘들겠어' 하는 낙인이 찍힌다.**

그렇게 낙인찍히고 싶은 사람이 누가 있겠는가. 그래서 의장을 맡으면 자연히 남들의 2배, 3배는 공부하게 된다.

나는 기획홍보국장 시절에 남들이 동네 백수 같다고 할 정도로 직원들이 일하는 책상 사이를 어슬렁거리며 '지금 어떤 일을 하고 있나', '뭔가 고민은 없나' 등을 파악하기 위해 늘 애썼다. 그리고 협약과 규약도 전부 머릿속에 집어넣도록 노력했다. 다른 집행위원들에게는 '기획홍보국장이 모르는 일은 도요타 노동조합의 일이 아니므로 집행위원회에 올려도 통과하기 힘들다' 하고 인식하도록 했다. 그렇게 하자 집행위원들은 집행위원회에 올리고 싶은 의제를 사전에 나와 상담했다.

그렇게 기초를 다진 뒤 회의를 진행하면 회의가 길어져도 참가자 전원이 잘 따라와 준다.

도요타 노동조합에서는 참석자를 배려하여 서둘러 회의를 끝내는 의장보다 **시간이 오래 걸려도 참석자의 이해를 얻어 충분히 논의하도록 하는 의장**이 지도자로서 높이 평가받는다.

대화가 사람을 기르고, 의장 경험이 지도자를 기른다.

도요타 생산방식의 본질은 사람을 편하게 하는 것

마지막으로 도요타 직원들이 도요타 생산방식을 어떻게 받아들이는지 이야기해보려 한다.

도요타 생산방식의 핵심인 가이젠의 목표는 **불합리, 불필요, 불균형을 없애는 것**이다. 이들이 의미하는 바는 다음과 같다.

| 불합리

불합리한 작업을 하면 작업자가 평소와 달리 무리하게 된다. 이를 개선하면 작업자가 편해진다. 그대로 두면 머지않아 심신이 한계를 느껴 더는 작업을 지속할 수 없다.

| 불필요

도요타 생산방식은 끊임없는 능률 향상을 요구한다. 불필요한 작업을 하면 능률이 오르지 않는다. 불필요한 작업이 반복되면 작업자가 자신을 괴롭히는 결과를 초래한다. 괴로울 필요가 없는데 괴로워진다.

| 불균형

사람은 조화롭고 규칙적인 흐름으로 일할 때 가장 편안하고 즐겁다. 불균형한 작업은 이러한 흐름과 정반대되는 작업이다. 불균형을 없애고 조화롭고 규칙적인 흐름을 되찾아야 편해진다.

도요타의 대화는 이러한 세 가지 관점에서 이루어진다.

한마디로 편해지려고 대화한다. **편해지기 위해 쉽게 타협하지 않고 철저히 대화한다.**

철강 제조사나 조선사 등에서 불황에 대한 대책으로 도요타에 직원을 파견할 때가 종종 있다. 이때 파견 나온 직원들은 '도요타 직원은 이렇게 괴로운 환경에서 근무하는구나. 잘도 견뎌내고 있군' 하고 놀라며 빨리 자신들의 직장으로 돌아가고 싶어 한다.

근무 환경이 익숙하지 않으므로 어쩔 수 없다고도 말할 수 있지만 일을 수동적인 태도로 받아들이는 한 라인 작업은 괴로울 수밖에 없다.

도요타 직원은 각자 맡은 자리에서 **오늘보다 내일, 내일보다 모레 더 잘하자**고 다짐한다. 그것이 자기 일이고 그렇게 해야 **자신이 편해진다**고 확신한다. 그러므로 괴롭다고 느끼지 않는다.

도요타 직원은 같은 근무 현장의 동료와 자주 대화한다. **자신이 편하게 일하는 방법을 동료와 공유하길 원하므로 진심으로 마음을 터놓고 대화한다.** 편하다는 말은 바꿔 말하면 **행복하다는** 의미다.

외부에서 도요타를 보거나 도요타 생산방식을 도입하려고 할 때 가장 보이지 않는 부분이 바로 도요타 직원의 이러한 사고방식이다.

가이젠의 궁극적 목적은 **오늘보다 내일, 현재보다 미래를 더 편하게 만들자, 즉 더 좋게 만들자는 가치관**에 근거한다. 이러한

가치관이 없으면 진정한 가이젠이 아니다. 가이젠을 날마다 실천하면 자신의 인생관에도 가이젠의 사고방식과 가치관이 단단히 뿌리내린다. 나는 이것이야말로 **인생을 더욱더 행복하게 만드는 비결**이라고 확신한다.

- 창업자나 대표자를 절대시하지 않는다.
- 대화할 때는 상대를 적대시하지 않고 존중하는 마음이 중요하다.
- 상호 불신의 관계가 부정과 실적 악화를 초래한다.
- 긴장과 배려가 바람직한 대화 분위기를 조성한다.
- 진심을 담은 대화가 우수한 지도자를 기른다.
- 가이젠은 사람을 편하게 하고 행복하게 한다.

제5장 대화가 훌륭한 지도자를 만든다

241

맺음말

"일본은 제조업이 지탱하고 있다."

이 말에 이견을 제기하는 사람은 없으리라 생각한다. 나는 대학을 졸업하고 바로 도요타자동차공업(현 도요타자동차)에 입사해 정년까지 재직하면서 도요타를 비롯해 일본 제조업의 힘을 문자 그대로 체감했다.

내가 입사했을 당시 도요타는 미국의 3대 자동차 회사에 언제 잡아먹힐지 모른다고 생각될 만큼 보잘것없었다. 그런 도요타가 계속해서 고품질 자동차를 생산해 사반세기 후 세계 최고의 자리에 오르기까지의 과정에 내가 조금이나마 관여할 수 있었던 것은 실로 행운이었다.

제조업 제품은 많은 사람의 손을 거쳐 시장에 나온다. 제품은 시장에서 다양한 용도로 사용되며 성능을 시험받고 사용자의 평가를 받는다. 일본인이 제조업에 바친 열의와 높은 기술력은 일본 제품을 세계 최고의 자리에 올려놓았다.

특히 일본 차의 품질은 많은 나라에서 높이 평가받고 있다. 자동차를 구성하는 부품은 3만 개가 넘는데 일본 차에 대한 높은 평가는 이들 부품 제조에 종사하는 노동자의 질이 전 세계에서도 특히 뛰어난 수준이라는 사실을 말해준다.

2017년에 국제노동기구 방문단의 일원으로 미얀마에 갔을 때 옛 수도인 양곤의 도로를 달리는 차가 대부분 도요타 차라는 사실을 깨닫고 현지 가이드에게 이유를 물어보았다. 가이드는 "특별히 국가 방침이 있지는 않고 중고차 거래에서 고장이 적은 도요타 차를 선호하기 때문에 자연스럽게 이렇게 되었다"고 설명했다. 자랑스럽고 뿌듯한 마음에 가슴이 뜨거워졌다.

참고로 당시 미얀마의 자동차 시장 점유율은 90%가 일본 차이고, 그중 80%가 도요타였다.

이처럼 도요타 차의 신뢰성에 대한 높은 평가는 아시아와 중근동, 아프리카 여러 나라 어디를 가든 들을 수 있다.

물론 이러한 평가가 하루아침에 만들어진 것은 아니다. 창업자를 비롯해 역대 경영진과 부품 회사를 포함한 도요타 그룹의 전 직원이 도요타 생산방식을 실천하며 더 좋은 차를 시장에 선보이려는 착실한 노력을 지속해온 결과다.

나는 이 책의 머리말에서 "가이젠을 실천하면 개개인의 삶의 방식도 긍정적으로 바뀐다. 긍정적 삶의 방식은 인생을 풍요롭게 한다"고 말했다. 여기까지 읽어준 독자 여러분께 감사의 마음을 전하며 이 책을 통해 가이젠이 왜 인생을 풍요롭게 하는지 알게 되었으리라고 믿는다.

가이젠은 문제점을 가시화하는 데 주저하지 않는 사람을 길러 내고 나아가 문제점을 가시화해준 사람에게 감사하는 마음을 가질 줄 아는 사람을 길러낸다는 사실을 알게 되었으리라고 생각하기 때문이다.

더불어 나는 가이젠을 꾸준히 실천하는 사람은 오늘보다 내일, 내일보다 모레 더 나아지리라 믿으며 자기 인생을 더 가치 있게 만들려는 노력을 아끼지 않는다는 점도 말하고 싶다.

나는 50대 후반에 노동조합의 제일선에서 물러나며 '지금부터는 두 번째 인생이다' 하고 생각했다. 그리고 단단히 마음먹고 사법시험에 도전해 변호사가 되었다. 그 과정은 다른 책에서 소개했는데 거기에서 말하지 않은 것이 있다.

"그런 무모한 도전은 관두는 게 좋아", "절대로 성공할 수 없을 거야" 같은 비관적인 말들 속에서 내 등을 떠밀어 주고 나를 앞으로 나아가게 한 원동력은 '꾸준히 노력하며 계속 나아가면 반드시 목표를 이룰 수 있다'는 마음가짐, 즉 도요타에서 배운 강한 의지였다는 사실이다. 또한 글쓰기를 업으로 하지 않는데도 불구하고 이렇게 책을 쓰는 데 도전한 것도 가이젠 정신이 나를 지지해준 결과라고 생각한다.

마지막으로 내가 생각을 실현하도록 성심껏 도와주고 묵묵히 인내심을 갖고 기다려준 다이아몬드사의 다구치 마사키 씨에게 감사의 마음을 전한다.

2019년 1월

가토 유지

도요타, 다섯 번의 질문

초판 1쇄 인쇄 2020년 10월 15일
초판 1쇄 발행 2020년 10월 22일

지은이 가토 유지
옮긴이 김한결
펴낸이 정용수

사업총괄 장충상 본부장 홍서진
책임편집 김민기 편집 정보영 편집장 박유진
디자인 김지혜 영업·마케팅 윤석오
제작 김동명 관리 윤지연

펴낸곳 ㈜예문아카이브
출판등록 2016년 8월 8일 제2016-000240호
주소 서울시 마포구 동교로18길 10 2층(서교동 465-4)
문의전화 02-2038-3372 주문전화 031-955-0550 팩스 031-955-0660
이메일 archive.rights@gmail.com 홈페이지 ymarchive.com
블로그 blog.naver.com/yeamoonsa3 인스타그램 yeamoon.arv

한국어판 출판권 ⓒ ㈜예문아카이브, 2020
ISBN 979-11-6386-054-9 03320